Proceedings of China Financial Education Forum

中国金融教育论坛文集

（2015） | ——金融教育理念与方法：变革和创新

中国高等教育学会高等财经教育分会金融学专业协作组年刊编辑委员会 ◎ 编

中国金融出版社

责任编辑：王效端　方　晓
责任校对：张志文
责任印制：陈晓川

图书在版编目（CIP）数据

中国金融教育论坛文集.2015（Zhongguo Jinrong Jiaoyu Luntan Wenji.2015）：
金融教育理念与方法：变革和创新/中国高等教育学会高等财经教育分会金融学
专业协作组年刊编辑委会员会编.—北京：中国金融出版社，2016.8
　ISBN 978 – 7 –5049 – 8631 – 3

　Ⅰ.①中…　Ⅱ.①中…　Ⅲ.①金融学—高等教育—中国—文集
Ⅳ.①F830 – 53

　中国版本图书馆 CIP 数据核字（2016）第 171374 号

出版　中国金融出版社
发行
社址　北京市丰台区益泽路 2 号
市场开发部　（010）63266347，63805472，63439533（传真）
网 上 书 店　http://www.chinafph.com
　　　　　　（010）63286832，63365686（传真）
读者服务部　（010）66070833，62568380
邮编　100071
经销　新华书店
印刷　保利达印务有限公司
尺寸　169 毫米×239 毫米
印张　10.25
字数　172 千
版次　2016 年 8 月第 1 版
印次　2016 年 8 月第 1 次印刷
定价　36.00 元
ISBN 978 – 7 –5049 – 8631 – 3/F. 8191
如出现印装错误本社负责调换　联系电话（010）63263947

卷首语

当前，在现代金融服务业快速发展的新形势下，业界对金融人才的要求不断提高，"知识经济"的发展对从事金融理论研究的人员提出了新的更高的要求，要求培养出具有新型知识结构、全面发展的新型人才。中国金融教育的未来面临着诸多机遇和挑战，需要改革我国现有的金融教育体制，使其在变革和创新中得以提升，顺应时代的要求。

而一门学科走向繁荣的驱动因素中，一个重要方面就是论著、教材的出版及相应的学术活动的开展。为此要建立有特色的学术论坛和学术报告制度，定期开展形式多样的学术研讨活动。在活动中实现交流，促进金融界学术研究的发展。中国高等教育学会高等财经教育分会是我国高等教育方面一个具有重要影响力的学术交流平台，自2010年以来，众多财经院校、科研和出版机构参与进来或积极响应。在2013年，在中国高等教育学会高等财经教育分会的大力支持下，为了进一步推广教育新思想、教学新经验，推动中国金融教育迈向新的高度，我们出版了第一本《中国金融教育论坛文集》，其以"引领金融教育方向、服务金融教育改革、激发金融教育思想、创新金融教育模式"为宗旨，鼓励高校金融教员分享教学特色和经验，收到了非常好的反响。

2015年10月16—18日，中国高等教育学会高等财经教育分会金融学专业协作组年会暨第六届中国金融教育论坛在江西财经大学国际学术报告厅召开。会议由中国高等财经教育分会金融学专业协作组、中央财经大学金融学院与江西财经大学金融学院联合主办，中国银行《国际金融研究》编辑部、中国工商银行《金融论坛》编辑部和高等教育出版社共同协办。论坛的主题是"金融教育理念与方法：变革和创新"。出席本届论坛的嘉宾有金融学专业协作组主任委员张礼卿教授、副主任委员王爱俭教授与马欣教授、秘书长李建军教授、中央财经大学金融学博士生导师李健教授、中国证券投资基金业协会副会长钟蓉萨女士、高等财经教育分会办公室范敏女士以及来自全国51所高校和11家相关单位共计140余名专家代表。江西财经大学金融学院近400名师生现场聆听了报告。

中国金融教育论坛于10月17日上午正式举行，开幕式由江西财经大学金融学院院长汪洋教授主持，校长王乔教授致欢迎辞，并代表江西财经大学师生对莅临大会的专家、老师表示诚挚的问候。张礼卿教授代表协作组致辞，他介绍了中国金融教育论坛的宗旨、协作组成立六年来的运行情况，并对在本届论坛的筹备、征文、评奖等工作中付出辛勤劳动的单位和个人表示衷心的感谢。范敏女士宣读了中国高等财经教育分会发来的贺信，向今年年会的举办方致谢。

围绕"面对互联网金融带来的挑战，高校如何应对这种冲击，并抓住机遇培养出适应经济发展所需要的金融高端人才"，"金融类研究生教育试点改革交流"，"传统教学模式如何应对慕课微课的冲击"，"国内外金融教育模式与人才培养比较研究"，"互联网时代中国金融教育面临机遇与挑战"等主题，相关学术论文撰写人、与会的老师们踊跃发言，各抒己见，探讨了当前高校金融教育中面临的诸多问题，深刻剖析了国内外金融教学模式的差异以及如何高效培养适应时代需求的新金融高端人才等问题，探讨了在经济"新常态"和"互联网＋"大背景下，中国金融教育人如何更好地克服所面临的困难，把握新时代赋予的机遇，推进金融教育改革。

在专题发言中，关于如何更好地做好实践教学，探寻有效的教学方式与方法，几位演讲人分享了他们的研究成果。台湾大学金融研究中心主任黄达业教授、中央财经大学应展宇老师，南京大学工程管理学院刘海飞老师以及江西财经大学金融学院胡少勇老师分别以《台美金融学教学改革比较：以台湾大学及纽约大学为例》《中国金融专业本科实验班项目比较研究》《中美高校金融工程专业创新培养体系比较研究——基于能力本位的视角》《金融互联网时代保险应用型人才培养的研究——基于〈保险理论与实务〉课程教学的探讨》为题作了专题报告，这些研究成果对高校改进传统金融教学模式、建立新时代特色教育体系起到了启迪作用。

最后，在马欣教授的主持下，各分论坛主持人分别介绍了讨论情况，李建军教授宣布获奖名单，主任委员、副主任委员、主办单位领导为获奖论文作者颁奖。本届论坛，在与会代表的共同努力下，取得了圆满的成功，金融专家观点碰撞，为中国金融教育的未来发展提供了前瞻性的思想和理念。

为此，特甄选本次论坛期间的优秀学术论文若干，汇聚成册，以飨读者，以励同仁，希冀为推进金融教育改革事业鼓与呼。

编委会

2016 年 5 月 31 日

目　　录

特稿

第一篇　金融教学改革研究

第二篇　金融教育模式与人才培养机制研究

第三篇　互联网时代中国金融教育面临机遇与挑战

第四篇　中国金融教育教学方法与特色教学研究

特　稿

学习型社会、教育信息化和开放性课程建设

——基于《金融学》MOOC 的实践经验

中央财经大学　李健[①]　邹光妮[②]

摘要：本文从高等教育的发展趋势和课程建设理念的转变出发，结合《金融学》MOOC 课程建设与应用的实践，探讨在建设学习型社会和推动教育信息化的背景下如何建设开放性课程，并就与开放性课程建设持续化相关的机制、师资、教材等问题展开讨论。

关键词：学习型社会　教育信息化　开放性课程　教学理念

近年来我国高等教育教学改革的亮点和未来发展的重点之一是建设开放性课程并实现优质教学资源共享。这不仅符合全球高等教育的发展趋势，更是建设学习型社会和实现教育信息化的必要举措。

一、高等教育的发展趋势和开放性课程建设的理念

21 世纪以来，全球高等教育的发展出现了新的态势，主要表现在高等教育的形式结构多样化、课程设置综合化、教育手段科技化、研学产一体化、教育协作国际化、教育受众社会化、教育宗旨终身化等方面。特别是 2012 年以来，"大规模在线开放课程"（MOOC）在全球迅速兴起，以麻省理工学院和哈佛大学共同创办的非营利在线教育平台 edX 为代表，形成了对传统高等教育的深刻变革之势，高等教育的开放性和社会化程度大幅增加，也加速了高等教育的全球化发展和全球化竞争。从总体上来看，世界各国高等教育改革的主旋律是在科学设置课程体系的基础上，充分利用互联网等现代科技手段，通过开放性教

[①]　李健，中央财经大学金融学院教授，教育部金融学专业教学指导委员会副主任委员。
[②]　邹光妮，中央财经大学金融学院 2015 级硕士研究生，《金融学》MOOC 课程助教。

育促进教学质量的提高，为大学生和社会学习者的自主学习创造便利条件，提供优质教学资源，提升学生的学习能力和学习效果，形成学习终身化的社会氛围和基本条件，充分践行高等学校服务社会的职责。

党的十八大提出"完善终身教育体系，建设学习型社会"的重大战略，是我国实现全面建成小康社会和中华民族伟大复兴宏伟目标的根本保障。学习型社会的主要内涵是全民学习和终身学习。推动开放性的教育信息化和构建终身教育体系建设，是建立学习型社会的内在要求，也是高等教育践行科学研究、教书育人和服务社会职责的综合体现。只有搭建起开放性的教育信息化和终身教育的平台，使每个公民都可以随时随地进行自己所需要的学习，并能享受优质的教育资源，才能形成全民学习、终身学习的学习型社会。我们需要顺应全球高等教育的发展态势，采用先进的教学手段和方法，突破校园围墙，实施学校、社会、国家乃至国际的开放性教育教学，创新协同育人的模式，为建设学习型社会提供可供终身学习的教学条件。这就要求我国各高校各专业适应高等教育信息化的趋势，创新以开放性课程建设为龙头的教育教学新模式，开发集成并在校内外普及共享优质教学资源，满足学生、教师和各类学习者多样化与个性化的学习需求。在降低教育成本的同时提升我国教育的质量、公平性和国际竞争力，为全面建设我国的学习型社会创造条件。

在现代科学技术飞速发展的背景下，互联网技术的广泛运用为学习型社会的建设和开放性高等教育的发展提供了必要条件和宽广的平台。《国家中长期教育改革和发展规划纲要（2010—2020 年)》中已经明确提出了高等教育信息化发展的方向。利用信息和互联网技术推动开放性课程建设不仅有利于提高教育教学质量，共享优质教育教学资源，提高人才培养质量；还有利于促进学生主动学习和持续学习，推进学习型社会的建设。为此，必须重视信息技术对教育教学改革发展所具有的革命性影响，将教育信息化和开放性课程的建设提到重要议事日程上。

高等教育的信息化发展和开放性课程建设的基础在于人口的在线化程度。中国互联网络信息中心（CNNIC）发布的《第 37 次中国互联网络发展状况统计报告》显示，截至 2015 年 12 月，我国网民规模达 6.88 亿，互联网普及率为50.3％，意味着中国人口的在线化程度正在快速提高。除了经济活动日益体现出"＋互联网"的特征之外，人们的日常生活及其交流、信息和知识的获取等也都越来越多地借助互联网，互联网的普及和信息技术的发展对人们学习知识、掌握知识、运用知识提出了新的挑战，也为教育信息化和开放性课程建设带来了前所未有的机遇。因此，深度应用信息技术，通过现代科技成果和互联网技术建设开放性课程，为自主学习创造条件并提供优质教学资源的基础和条件已经具备。

现代科学技术的不断进步和广泛运用，极大拓展了教育资源的容量，先进的信息技术扩充了教学空间，多媒体、网络教学、实验室等现代教育技术手段让教育形态日益多元化。开放性课程的建设从远程教育网站、国家精品课程网站，到视频公开课、资源共享课、MOOC等，成就斐然。丰富多彩的开放性课程和灵活多样的教学内容，极大地鼓舞了学习者主动学习的热情，为他们提供了便利的学习条件和大容量的教学资源。未来的教育教学改革借助开放性课程将"授人以渔"作为目标，将知识传承融入能力培养之中，为打造学习型社会、鼓励创新创业打下扎实基础。

开放性课程建设不仅是信息技术与高等教育教学改革深度融合的产物，更是先进教学理念的体现。教学理念反映的是人们对教学活动内在规律的认识，是课程建设的信念和指导思想，是贯穿课程教学过程的灵魂和观念。在开放性课程的建设中需要转变教育理念，从过去的"以师为本、以教为主"转向"以生为本、以学为主"。这一转变的核心内涵体现在五个方面：一是从重视教师向重视学生转变，在开放性课程建设和教学过程中要从过去以教师为主体注重研究教什么、怎么教，转向以学生为主体探索学生应该学什么、怎么学；二是从重视知识传授向重视能力培养转变，在开放性课程建设和教学活动中要从"教知识"为主转向"培养能力、提升素质"为主；三是教师课程教学中的定位从主角向配角转变，教师在开放性课程教学活动中的身份要从单纯的课堂讲授者转变为学生学习全过程的导学者和助学者，重在帮助学生更好地自主学习；四是从重视教学法向重视学习法转变，开放性课程的教学方式要从过去单一的课堂讲解转向以学生自学和主动学习为主的导学式、互动式、提问式、研讨式等课内外、线上下一体化的学习模式；五是教学质量的检验从重视结果向重视过程转变，开放性课程的考核要从过去以期末考试的结果评价为主转向将学习过程与提问讨论、作业测验、创新心得相结合的综合化考核。

二、MOOC的优势及其中央财经大学的《金融学》课程实践

MOOC（Massive Open Online Course）是大规模在线开放课程的简称。其信

息化的知识共享方式为高校的教育资源整合和共享提供了有效的平台，成为学习型社会建设和高等教育信息化过程中开放性课程教学的一种新模式。

（一）MOOC 的发展及其在中国的实践

互联网的主要特征是自由、开放、平等、共享和互动，这些特征契合了建设学习型社会和教育信息化的需要，也为开放性课程建设提供了条件。MOOC 正是在这样的背景下应运而生的。

追溯 MOOC 的起源，始于 2000 年美国麻省理工学院提出的"MIT 开放课件计划"，计划建立开放课件网站以实现全校课程资源的社会共享。而 MOOC 真正兴起的标志是 2011 年秋季至 2012 年 5 月，由斯坦福大学、麻省理工学院和哈佛大学等设立的 Udacity、Coursera 和 edX 等网络教学平台，这些平台在短短几个月时间内就吸引了超过百万人次的学习者参与学习，彰显了 MOOC 的巨大生命力。因此，《纽约时报》将 2012 年称为 MOOC 元年。

随后 MOOC 以燎原之势在全球迅速发展。2014 年 5 月 15 日，著名 MOOC 平台 Coursera 的统计显示，已经有 109 所世界知名大学在该平台开放教育资源，679 门课程吸引了 769.6 万名学生在该平台注册学习。而到 2016 年 3 月 17 日，在 Coursera 上授课的合作院校和机构上升至 141 所，提供的优质课程达到 1826 门，1835.9 万名学生参与学习[①]。

我国教育部早在 2000 年就启动了面向试点高校的"新世纪网络课程建设工程"，目标是用两年左右时间，建设大约 200 门基础性网络课程、案例库和试题库，为广大学子提供免费的网络学习资源。截至 2004 年，通过验收的项目共计 299 个，其中多门网络课程因其丰富的内容和生动的形式广受好评，已纳入网络教育学院被广泛使用。2007 年通过评选国家精品网络课程，进一步促推了网络课程的建设。

为了顺应全球高等教育的发展态势，满足建设学习型社会和提高教育教学质量的要求，教育部于 2011 年启动"国家精品开放课程建设工程"，主要推动三个开放性课程项目的建设：一是面向全社会的精品视频公开课程；二是以原国家精品课程为基础，打造主要服务于高校师生的精品资源共享课程；三是覆盖高校和全社会的 MOOC 课程。五年来，超过 400 所知名高校参与国家精品开放课程的建设工作，上千余门精品视频公开课、资源共享课和 MOOC 课程向社

---

① 数据来源：coursera.org，更新时间：2016 年 3 月 17 日。

会免费开放，深受逾 800 万学习者的欢迎，取得了明显的教学效果和社会好评。

（二）MOOC 的特征及其优势

自由、开放、平等、共享、互动的互联网特征，是开放性课程建设和教学活动的灵魂。在开放性课程中，MOOC 课程的优势主要体现为以下几个。

首先，MOOC 教育具有显著的开放性特征。丰富多元的线上资源共享打破了传统物理教室的时空隔离，也打破了升学机制的准入限制，是对"教育面前人人平等"原则的实践。借助联通世界的互联网络平台，MOOC 具有了强大的信息知识表达与传播能力，可以将优质教育资源以最低的成本和最快的速度传播到最大的受众。

其次，MOOC 也为教学资源的更新和优化、个性化和便捷化教学提供了条件。电子形态的教学资源使其更新速度更快、成本更低、效率更高、使用面更广。MOOC 课堂上的超媒体、微视频、课程演示文稿、提问弹窗、文献拓展链接、著作电子书、案例等多媒体形态相互融合，重点内容可以重复学习、兴趣点可以继续延伸，依托互联网云存储技术，海量资源储备在云端供学习者分享和下载，通过云计算还能逆向筛选出最受欢迎的学习内容，其载体优势提供了更为个性化、便捷化的教育方式。

再次，教学方式更为灵活多样。MOOC 平台的页面设置为公告、评分标准、课件、测试与作业、考试和讨论区六大模块，实现了教育资源、教育者、学生和平台四大元素的联动，结合讲授式、自主式、协作式三种教学方式，教学效果明显好于传统课堂的孤立式和讲解式教学。由于学习者可以自主控制学习时间、进度和次数，学习者之间可以开展相互讨论、交流和评价，MOOC 参与者的完课率和积极性大幅提高。

最后，能实现动态化的开放教学。大数据技术可以让教师能够更好地了解 MOOC 教学过程中学生的学习需求和进度情况，网络讨论区为学生提供了可以即时获取帮助、充分展开讨论的交互学习社区，测试题数据分析可以帮助教师快速找到学生学习的薄弱环节和教学的不足之处。

（三）中央财经大学《金融学》MOOC 建设

中央财经大学的《金融学》较早实践了开放性课程建设。在开放性课程建设中，我们首先在教学理念上取得共识，坚定"以生为本、以学为主"的教学理念并贯穿于课程建设的全过程。2003 年该课程评为首批国家精品课程以后，当年就创建了开放式、多模块的课程网站，网站建成之后坚持每年更新部分内容，持续化地充实和完善了课程网站。

2013 年我校《金融学》被教育部选定为首批上线的资源共享课。教学团队积极探索最适合开放性网络教学的课程模式，通过精心改版、课程设计和录制，在原有的国家精品课程网站 8 个模块的基础上扩充建成了大容量的资源共享课，除了新录视频以外新建了 11 个教学资源库，为师生提供更为丰富的优质教学资源，进行宽口径、全景式的专业原理及其相关教学资源展示，便于学生自主学习。自 2013 年 6 月 26 日上线"爱课程"网站资源共享课平台 3 年以来，面向累计 31.1 万人次的学生进行了开放性课程的教学[①]，一直在人气榜总排名中位列前五名。

2014 年 9 月 1 日，中央财经大学《金融学》作为教育部首批 MOOC 课程在"爱课程"上线开课，第一学期就吸引了逾 13 万学习者参与学习[②]，开课四个学期选课人数累计超过 30 万人，远远超越了传统大学课堂所能传播的面积，实现了优质教育资源共享的初衷。

《金融学》MOOC 课程是在资源共享课基础上建设的，重点是建成开放性的网络课堂。我们发挥了"自由、开放、平等、共享、互动"的互联网精髓，力争实现网上授课、提供教学资源与学生进行交流互动的动态教学，努力尝试将文字教材和网上教学相结合，将 MOOC 课堂与资源共享课、现实课堂相结合，将教师的网上教学与学生的自主学习相结合，将教师授课与师生讨论、提问与答疑互动相结合，突破专业和校园局限，扩大教学受众，探索现代化开放式课程教学的新模式。

在教学组织上，我们每周发布教学视频、课件讲义、参考文献、教学案例和问题释疑等教学资源，教学内容按单元分工并由教学团队的老师分别承担主持教学的工作；实录课堂教学和学生讨论的全过程，使 MOOC 学生产生真实感受，增加教学参与感；每周发布的测试与作业模块由教学团队老师反复讨论研究最终确定发布题目，每轮题目至少更新 30%，现已建成 APP 题库；隔周发布思考讨论试题，讨论题由同学互评和教师点评共同决定最后成绩；开辟老师答疑区、课堂讨论区、热点问题讨论区和综合讨论区 4 个区块，教学团队十余位老师与学生就课程内容、理论研究和当下热点等问题展开讨论，各抒己见，针对学生每天提出的大量问题和互答讨论，教师们每天都会及时参与各区的讨论评

---

① 课程访问量 311387，数据来源：icourses. cn，更新时间：2016 年 3 月 18 日 11：15。

② 选课总人数 130414，数据来源：icourse163. org，更新时间：2016 年 3 月 24 日。

论并予以答疑解惑，让学生们感受到教师在堂和对他们学习状况的高度关注。

在 MOOC 的教学过程中，老师在讲授、答疑回帖时，还有意识地引导学生利用资源共享课来进行扩展性学习。例如，利用案例库把对问题的分析理解引向深入，利用媒体素材库把所学理论与实际紧密结合起来，利用数据库做深入的定量分析等，在课程进度的导学和助学过程中不断调整教学安排，增进与学生的互动，实现动态化教学。

（四）中央财经大学《金融学》MOOC 的教学调查与分析

在完成了 2014 年 9 月起的三期《金融学》MOOC 课程教学之后，为了更好地掌握学习者的需求和反馈，完善教学服务和提升教学质量，我们向《金融学（一）》第二期学习者进行了问卷调查。调查分为学习者背景、学习情况、平台满意度、课程评价和建议四大部分，以匿名调查方式确保收集结果的客观性，共收回有效问卷 225 份，主要反馈结果如下。

1. 学习者背景

调查显示，75% 参与 MOOC 在线学习的受访者教育背景为大学本科学生，15% 为硕士研究生，见图 1。这揭示了 MOOC 在较高学历人群中具有很高的接受度，也为 MOOC 日后拓展授课深度和知识面广度提供了受众基础。

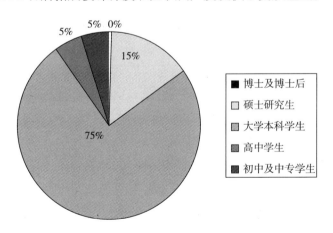

图例：
- 博士及博士后
- 硕士研究生
- 大学本科学生
- 高中学生
- 初中及中专学生

图 1 金融学 MOOC 受访者教育背景

在年龄分布上，41% 的受访者是 18 ~ 22 岁的青年，33% 处于 23 ~ 29 岁，17% 处于 30 ~ 39 岁，极少部分受访者处于 17 岁以下或 50 岁以上，见图 2。可见，有 91% 的受访者处于 18 ~ 39 岁，属于人们常说的 "80 后" 和 "90 后" 人群，他们是互联网的忠实用户，接受新鲜事物如在线课堂学习模式的速度较快。

对于这部分学习者，MOOC 教育除了讲授理论知识和逻辑结构外，应该更多地提供对时事热点问题的观点和讨论方向，并涉及更多理论前沿，激发年轻人对于学术研究的兴趣，指出更多分析问题的思路，帮助学习者理解金融原理及其运用，拓宽他们的视野和分析的视角。

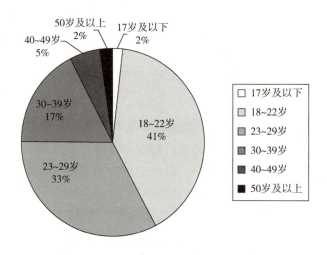

图 2　金融学 MOOC 受访者年龄分布

2. 学习情况

近期有一些学者认为，MOOC 学习持续性不强，中途退学率较高是阻碍 MOOC 成为成功的高等教育平台的主要症结。但对《金融学（一）》MOOC 完成进度的调查显示，26% 的受访者较好地完成了 90% 以上的学习内容，意味着每周的课程学习、单元测试、隔周的思考讨论、期末测试都按时完成，还包括思考题的互评环节、讨论区的提问解答等，完成程度可观，基本达到了通过 MOOC 课程教学了解金融学原理和运用的初衷。但是也有 25% 的受访者的课程完成情况低于 10%，通过进一步分析（如课程讨论区学生发言）发现，其中很多学习者是因为中途才获知信息加入课程学习，错过了前面章节的完成时间，也影响了对后面教学内容的理解和最后成绩的评定所致。因此，多渠道发布课程信息，扩大课程影响力，提高平台宣传力度，有利于解决这一问题。

3. 课程设置及平台满意度

在对 MOOC 课程设置调查中，绝大多数受访者认为老师授课视频是 MOOC 内容中最令人满意的部分，也是学习完成程度较好的板块。吸引他们的原因 60% 来自授课的优质师资，23% 来自优质的课程资源共享，7% 来自讨论区课程组老师及时的、有启发性的回答和观点。在定性调查中，受访者填写的课程不满意板块大部分集中在课程视频的技术质量，受访者对授课视频的播放速度、流畅度、清晰度、缺少字幕、长度过长、不能下载等表示仍需改进。因此，改善用户体验，通过网站技术提升和录制设备升级改善教学视频的技术质量，视频的长度设置可以根据用户偏好向进行调整。

4. 课程评价

大部分受访者对 MOOC 的教学效果给予了积极和正面的评价。绝大多数受访者认为 MOOC 教育适应了互联网时代的学习要求，能够满足各种人士的学习需求，让广大受众能够免费、即时地共享优质教育教学资源，有利于实现教育机会的平等和自由。值得一提的是，逾三成受访者认为 MOOC 在未来将成为被普遍认证的大学教育方式，这正是近期高等教育改革过程中讨论和推进的议题，如果 MOOC 能实现学历认证，将有利于为高等教育信息化开辟更为广阔的发展前景和机遇。

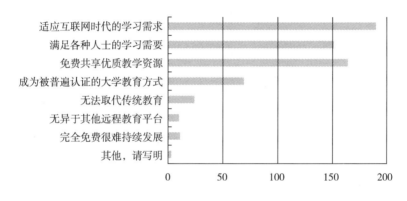

图 3　受访者对课程教学效果的评价

三、开放性课程建设中需要重视的问题

我国高等教育的信息化和开放性课程建设起步不久，虽然取得了明显的成绩，但也面临诸多问题。从我们开设《金融学》MOOC 四个学期的实践中，我们总结出在 MOOC 等开放性课程建设中需要探讨解决的五个方面问题。

1. 建立开放性课程建设持续化的有效机制

课程建设是大学教育的载体和抓手，也有其内在的要求和规律。但教师良好的工作环境、责任感和投入程度非常关键，各方对教师做课的工作量及其创新成果的认可极为重要。但目前高校普遍存在重科研、轻教研的现象，在科研考核、教学考核和职称评定等环节中对教学研究与改革的评价权重很低，有的学校甚至不承认开放性课程建设的工作量，导致教师对课程建设尤其是开放性课程的研究和投入不足，制约了开放性课程教育教学质量的提升和教师自身的发展。因此，发挥教师课程建设的积极性需要从制度和管理上建立长期有效的激励机制，有关管理部门需要研究如何在考核和评审中加大对课程建设及其成果的认可与评价度，使教师能够而且愿意投入时间精力进行开放性课程的建设与运行。同时，开放性课程的建设与使用亟待探讨如何建立责权利相匹配的运作机制，学生学习的认可评价机制，合理的成本收益机制等。此外，应对 MOOC 网站上的资源共享增加知识产权的保护措施，防止不法机构或个人从中谋取私利。

2. 建立开放性课程建设的团队合作机制

课程建设是一项长期的持久性工作，承载着学科发展和教育文明的传承，既要有历史的积累和时间的检验，也要内外互动，开放式地进行动态建设和创新。与封闭性课程相比，开放性课程建设的要求和工作量要高很多，仅凭一人之力很难完成，需要借助团队力量集思广益、合作共建。MOOC 应以课程组为单位，建立健全团队合作机制，实现"一课多人，一人多课"的有效组合，群策群力打造精品开放课程，共同编写精品教材和开发优质教学资源。应该建立健全课程研讨和工作机制，制度化开展修订课程大纲、选定教学内容和重难点、扩充教学资源，使教师在规范化的教学工作中提升教学能力与素养。如果能够处理好资源共享、多方协同建设及使用课程，特别是与各校办学特色的关系，也可以探索开放性课程的多方共建方式，打破学校界限，建设开放性的课程教学团队。

3. 建立开放性课程教材的持续化建设机制

开放性课程的教材建设极为重要，是 MOOC 各种教学活动的主要依据。教材建设应该坚持小批量、多版次的原则，尤其是应用性强、与现实紧密结合的课程，教材的内容更加需要不断充实、更新与完善。应充分利用 MOOC 的交互性，利用信息技术及时记录分析与课者的学习反馈，有的放矢地更新完善教材。开放性课程尤其需要加强教材的立体化和综合化建设，如教学大纲、文字主教材、教学课件、教学参考资料、相关文献、数据库、习题库、教学案例库等都不可或缺。逐渐积累和建成一定规模的与教材配套题库系统，通过对考核目标、考核重点的设定由平台自动生成测试卷和考试卷，主观题根据关键词的设定生成采分点，逐渐增加测试的客观性，减少教师大规模阅卷的工作量。依据大数据和云计算标记考核难点、失分点，为下一步教材修改和完善提供依据。

4. 高校优质资源建设与共享

当前教育部正在制定和部署各专业教学质量的国家标准，优质教学资源和开放性课程建设应该成为达到国家教学质量标准的典范。高校的优质教学资源要在高起点的基础上不断提升和优化。筛选出真正的优质课程上线是保证共享优质教学资源的首要关口，制定对课程质量客观合理的评价体系是激励优质教学资源动态更新的重要条件，而坚守正确的价值观和教学规范则是教学资源的优质性和开放性课程教学水准的保障。

在各高校共享优质教学资源的过程中，还需要处理好共享与自我特色的关系，探索开放性课程的多方共建方式，研究如何处理资源共享、多方协同建设使用课程与各校办学特色的关系。可以灵活多样地共享资源，结合各校的特色进行开放性和校园性课程的动态组合式教学。各高校应该在相同专业中创建特色模式、特色课程，各有特色的开放性课程设置与建设才能实现高校资源共享的互惠互利。

5. 学生的学习激励与认证

为降低开放课堂的退课率，第一，应完善 MOOC 等平台的使用体验，提高技术支持水平，努力减少视频不连贯、缺少字幕、提问弹出障碍等系统问题。第二，依托大数据的课程质量监控，认真改善学习者认为的不足之处，巩固学习者较为满意的模块。第三，加强视频的交互性，现阶段 MOOC 教学视频多依据传统课堂授课录制，部分学习者认为与线上沟通不足，可以适当增加视频中的提问弹窗，提高学习者集中度和专注度。第四，提高信息化高等教育的接受度，通过专业化考核和合理通过率的控制，建立体制内的学分认证机制，提升MOOC 等开放性教学的认可度。第五，建立健全信息化高等教育的奖学金制度，如 MOOC 已经着手启动的精品课程成绩排名前 10% 学习者的奖学金激励工程。

需要特别指出的是，开放性课程建设只是高等教育发展中的一部分，是作为一种新的教育方式对校园教育和传统课堂的拓展，不应视为对校园教育和传统课堂的否定。如何处理好线上线下、课堂内外、电子阅读与书香文化、网络生活与现实生活、人机对话与人文交流等关系，仍然需要深入研究并不断探索最佳组合的路径。目标是不断提高教育质量，为学习型社会提供更加有效的教育平台并培养更多的高素质的优秀人才。

参考文献：

［1］瞿振元. 以 MOOC 发展为契机促进信息技术与高等教育深度融合［J］.

中国高教研究，2014. 6.

［2］王永固，张庆 . MOOC：特征与学习机制 ［J］. 教育研究，2014. 9.

［3］杨劲松，谢双媛，朱伟文等 . MOOC：高校知识资源整合与共享新模式 ［J］. 高等工程教育研究，2014. 2.

［4］陈坚林 . 大数据时代的慕课与外语教学研究——挑战与机遇 ［J］. 外语电化教学，2015. 1.

［5］翟雪松，袁婧 . MOOC 在我国高等教育中的发展困境及对策研究［J］. 电化教育研究，2014. 10.

［6］文益民，易新河，张爱闻等 . MOOC 引发的对在线课程建设的思考 ［J］. 中国大学教学，2016. 4.

建设金融创新运营示范区，全面深化
京津冀协同发展和人才建设

天津财经大学　王爱俭①

　　2015年4月，中共中央政治局审议通过《京津冀协同发展规划纲要》。该纲要明确了京津冀三地的功能定位：北京为全国政治中心、文化中心、国际交往中心和科技创新中心；天津为全国先进制造研发基地、北方国际航运核心区、金融创新运营示范区和改革先行示范区；河北为全国现代商贸物流重要基地、产业转型升级试验区、新型城镇化与城乡统筹示范区、京津冀生态环境支撑区。京津冀新定位的确立，将为实现疏解北京非首都功能、调整经济空间结构、促进内涵集约发展、探索地区开发模式、促进区域协调发展、形成新增长极等战略核心（目标）打下坚实基础。

　　加快实施金融创新运营示范区战略，是今后一段时期天津全面深化京津冀协同发展，率先开展自贸区特色试验，明确增强天津市系统功能的重要支点。作为目前我国金融改革创新和运营服务的前沿阵地，天津具备国家战略叠加、市场腹地广阔、改革决心坚定等独特优势，尤其是天津滨海新区纳入国家战略以来，天津始终将金融先行先试作为国家综合改革创新试验的首要任务，改革经验丰富、前期工作扎实。面对中央赋予的崭新定位，天津正自觉顺应自由贸易试验、区域协同发展"一开一合"的大势，力争在金融制度改革、金融服务创新、金融技术研发等领域实现重大突破，在金融运营服务、金融功能集聚、金融科技融合等维度提升综合实力，在金融区域协同、金融改革开放、金融创新运营等方面树立全国示范，揭开中国金融业新一轮改革开放和京津冀金融市场一体化的序幕。作为国家战略的叠加领域，天津将把金融创新运营示范区建设与全面深化改革、京津冀协同发展、自贸区试验、自主创新发展、城市功能升级等核心使命密切统筹起来，以金融创新和运营服务促进国家战略任务的达

①　王爱俭，天津财经大学原副校长、天津市政府参事、中国滨海金融协同创新中心主任。

成，为我国进一步深化金融改革开放积累可复制、可推广、可升级的经验，为我国实施京津冀协同发展、"一带一路"、长江经济带等重大战略提供现代、便捷、高效的金融服务范例。

一、金融创新运营示范区的内涵界定

金融创新运营示范区是京津冀协同发展全面深化新框架下，在金融改革创新、金融运营服务与金融区域协同方面具备全国领先、国际一流、超前引领特征的示范城市。金融创新运营示范区的内涵中蕴含四个主题词。

第一个主题词：金融创新。《帕尔格雷夫经济学大辞典》将"金融创新"定义为："当一个新的产品或服务被人们广泛接受用来替代或补充已有的金融工具、机构或业务流程时，就可以称之为创新性的，而不只是新的或新颖的，这和任何其他创新性产品或服务一样。"从国家综合配套改革试验框架下的金融先行先试，到城市功能和支柱产业崛起中的内生金融创新，再到多重国家战略布局优势下的金融制度创新，各类金融创新不断叠加、交融、促进，使天津成为金融工具、市场、机构、业务流程创新，以及促进创新在区域中扩散的前沿和枢纽。金融创新是金融创新运营示范区的一项核心功能。

第二个主题词：运营服务。伴随新工业革命爆发，现代制造业和生产性服务业随分工细化不断交融，生产与服务的边界愈发模糊，西方学者将生产和服务统称"运营"，或"运营服务"。金融运营服务，揭示出现代金融与实体经济的共生本质。在区域协同发展的框架下，京津冀大型城市群的深度融合为金融运营服务提供了广阔的市场潜力，而优质的金融运营服务又服务了该区域的生产生活活动。现代金融与实体经济的共生繁荣，将使金融创新运营示范区内崛起涵盖传统金融和新型业态的若干金融运营分中心，促进金融要素资源的集聚运营，提升金融体系的功能完备性和高效便捷性。金融运营是金融创新运营示范区的又一项核心功能。

第三个主题词：区域协同。根据《京津冀协同发展规划纲要》，京津冀各自新的功能定位得以确定。作为区域整体十二个①功能定位中仅有的金融功能定位，金融创新运营示范区明确了天津在区域协同中的优势和分工，能否发挥好金融功能，直接关系到区域整体发展。要以金融创新运营示范区作为支点，率

---

① 京津冀协同发展的十二个功能定位，包括四中心、两基地、六个区。

先撬动区域金融市场一体化，使各类金融要素资源在京津冀更加自由流动。发挥"金融创新运营示范区＋中国（天津）自由贸易试验区"的复合优势，以金融业更加开放、更加严格、更为统一的标准，促进京津冀金融大市场与自贸区接轨，实现各功能定位与示范区的对接。区域协同是金融创新运营示范区的一个重要特征。

第四个主题词：示范引领。金融创新运营示范区的"示范"二字，明确了天津在金融创新、运营、协同等方面要发挥示范引领的作用。当今世界正处在新一轮科技革命的前夜，科技进步带动金融运行方式变革。场景支付、人脸识别、金融大数据，越来越多的新技术、新方法植入到金融体系中去，不断提升金融活动的效率和便捷，悄然改变金融业的存在形态。金融创新运营示范区，必须占领金融与科技融合的最前端，以智能化、科技化金融达成金融创新、运营、协同之初衷。立足当前，需要加速消化吸收现有金融科技成果，破解阻碍先进金融技术应用的体制机制障碍，使整个区域更加自觉地拥抱金融科技。示范引领是金融创新运营示范区的另一个重要特征。

二、金融创新运营示范区的建设标准

金融创新运营示范区是未来数年京津冀区域金融协同发展的核心载体和示范窗口，应制定科学、明晰、严格的建设标准，体现示范区建设"（1）坚持贯彻中央多重战略与全面深化金融改革相结合；（2）坚持引领金融内生创新与瞄准金融科技前沿相结合；（3）坚持发挥政策叠加优势与示范金融运营服务相结合；（4）坚持实践金融开放协同与对接国际规则体系相结合"的主要特点。

第一，依法治理。金融创新运营示范区的建设坚持立法先行的标准，以法治确保金融业营商环境和规则体系的公平、开放和透明。将扩大开放和深化改革相结合、将营造环境和培育功能相衔接、将依法治区与示范引领相关联，形成与国际金融运营、监管规则相互衔接的金融制度框架，形成与金融创新示范要求相契合的、比现行政策更加特殊的先行先试政策体系，形成与京津冀金融市场一体化要求相适应的金融监管协调机制。厘清区域与地方金融监管职责和风险处置责任。

第二，适度超前。金融创新运营示范区的建设坚持适度超前的标准，以开创者（而非追随者）的理念规划和发展示范区。将金融与科技率先融合化、金融运行机制高度市场化、区域金融深度同城化、金融要素资源运营集群化、金融业营商环境国际化、金融监管大数据化、金融服务智能化等多维目标集作为金融创新运营示范区的建设要求。切实冲破阻碍金融发展的体制、机制、理念上的樊篱。逐步建成高度智能化的现代金融示范区，形成京津冀区域协同发展新标志。

第三，系统规划。金融创新运营示范区的建设坚持系统规划的标准，将示范区置于京津冀区域整体功能中筹划，实现示范区与其他功能定位的协同并进。以金融一体化为先导，提升区域人流、物流、信息流的一体化程度；以金融科技融合为先导，支持区域实体经济转型升级；以绿色金融为先导，提供区域环境治理的金融解决方案，为后代保留好生态遗产；以民生金融为先导，为京津冀城市群的居民提供先进、高效、安全的金融服务。

第四，内生发展。金融创新运营示范区的建设坚持内生发展的标准，依靠市场在金融资源配置中的决定性作用，增强示范区的发展动力和可持续性。扩大金融业对内对外开放，率先深化金融要素价格市场化改革，为金融机构、市场和中介在更高的平台上、更包容的环境中、更市场化的规则下参与全球竞争创造条件。激发金融创新内在活力，不断丰富示范区的金融产品、市场层次、金融业态。加强金融基础设置和金融生态环境建设，为示范区金融内生发展创造安全高效、稳定有序的总体环境。

三、金融创新运营示范区的建成条件

金融创新运营示范区立足于京津冀协同发展，脱胎于经济新常态背景，从外延式发展到内涵式发展是示范区建设的必由之路。需有大局意识、机遇意识、协同意识、超前意识去考量和制定示范区的建成条件和任务部署。力争在2020年建成具有国际水准、金融投资服务便利、货币兑换自由、金融协同监管、金融合作领先、管理功能突出、金融科技融合、金融法制规范的金融创新运营示范区，为我国深化金融改革开放探索新思路、积累新途径，更好地服务国家战略。

第一，竞争性条件。加快建立国际、国内金融创新活动的持续追踪、评估和学习机制，以信息共享方式促进示范区金融改革创新活动率先开展。加快形成国内外高水平金融创新人才的测评、引进和培养机制，以金融人才队伍的国际化、专业化、技术化，提升示范区金融原始创新能力。确保示范区中，金融制度试验、内生金融创新、金融技术研发等领域的成果数量和社会影响在全国处于领先示范地位，确保高水平金融人才的总体规模和技术水平处于国内领先地位。这成为标志金融创新运营示范区建成的竞争性条件。

第二，协同性条件。以金融运营服务同城化为先导，提升京津冀金融市场一体化和金融监管协同化的程度。发挥中国（天津）自贸区金融制度创新优势，进一步放宽金融服务业市场准入，使金融创新运营示范区可复制、可推广的先进经验，尽快与京津冀全域接轨，提升整个区域的金融和投资便利化。确保在京津冀全域中，金融运营服务同城化、金融监管协同化、金融投资便利程度趋同化、金融要素资源运营集聚化，带动区域金融市场一体化。以先进、高效、稳定的金融体系促进全域其他功能实现，是衡量金融创新运营示范区建成的协同性条件。

第三，超前性条件。金融创新运营示范区的筹划、建设直至建成，需要将（适度）超前性作为其先决条件。首先，金融科技融合需超前，确保在示范区内植入领先的技术，主动适应新技术革命条件下金融业运行、组织和监管方式的变革。其次，金融基础设置需超前，确保在示范区内配备先进的硬性设置、提供具有竞争力的软性设置（制度、规则体系），适应金融业参与全球竞争的需要。最后，金融发展理念需超前，金融创新运营的本质功能不在于战胜市场，而在于为新常态下生产、生活提供管理风险的技术，以提升临近生产可能性边界状态下的资源配置效率。同时，示范区是不同于传统金融中心的新形态，因此在空间分布上呈现出虚拟化、网格化、节点化特点，不同于过去空间集中的传统金融中心。

第四，成长性条件。伴随金融创新运营示范区建成，金融创新、金融运营、金融协同水平快速提升，反映本市金融市场、金融机构、金融创新、金融人才等状况的金融指标将呈现出显著成长性。本文遴选金融业增加值、金融业增加值占比、社会融资规模等 9 个指标，有代表性地测算经济新常态、区域协同发展复杂背景下，金融创新运营示范区（量化）的成长潜力。

四、金融创新运营示范区的发展举措

以全面深化京津冀协同发展为契机，发扬天津金融敢想敢干、敢于创新、敢为人先的精神，自觉参与国家区域协同发展和金融改革创新的顶层设计，将深化金融制度改革、激发内生创新活力、提升金融运营实力、驱动金融协同发展、加快金融科技融合，最终以金融创新运营示范发展作为推广、复制天津经验的一大特色。

第一，加快金融改革创新，强化示范引领地位

一方面，加快自贸区框架下的金融制度创新，推进人民币资本项目可兑换、发展各项跨境金融业务、扩大金融服务业开放、推动利率市场化、转变跨境资本流动管理方式。创造条件使自贸区新型金融规则和管理体系尽快复制、应用于京津冀全域，充分发挥示范区的本质功能。另一方面，探索建立国际、国内金融创新成果和金融创新人才的追踪、测评和引进机制，使示范区成为新产品、新业务、新流程、新组织的"实验室"，以更高效率的金融原始创新和更快速度的金融创新扩散（复制），保持天津在我国金融内生创新领域的优势地位。

第二，探索金融协同发展，服务国家区域战略

首先，以京津冀交界区域的金融合作试验区为起点，加快推进京津冀全域的金融运营同城化、金融监管协同化、金融便利同步化，以更加一体化的金融市场，提升全域资源配置效率。其次，牵头创设京津冀协同发展基金（或银行），将资金主要用于京津冀域内的基础设施联通、实体经济升级以及功能定位落实。最后，依托自贸区多重优势，吸引国家金融管理部门、大中型金融机构、跨国公司在天津建立全国总部、京津冀总部或区域运营总部，疏解首都北京的非核心功能，提升金融创新运营示范区服务区域整体战略的能级。

第三，培育新生优势业态，提升金融运营实力

坚持金融创新运营示范区"1 + 11 大于 12"的全局发展思路，深入分析京津冀全域金融之外的 11 个功能定位的内生金融需求，自觉、超前推动示范区新生优势金融业态的培育工作。在继续巩固、加强示范区的租赁、基金、交易、结算、保险、保理等优势金融业态，服务全域内先进制造业、航运业、传统产业升级的同时，还应在文化金融、物流金融、绿色金融、农村金融、普惠金融等领域提前布局，以更加先进、多样、便捷的金融市场、组织、平台和工具，为京津冀各个功能定位的实现提供具备集聚运营特征的金融支持。在金融创新运营示范区与其他功能定位的良性互动中，实现功能融合、分工细化和共同发展。

第四，深化金融科技融合，实现金融赶超发展

坚持金融与先进技术深度融合，及时捕捉科技与金融碰撞的新构想和新成果，使示范区像硅谷、中关村一样成为（金融）技术的化身。支持示范区成为智能金融、移动金融、大数据、"无现金"城市的"培养皿"，繁衍出更具科技含量的金融技术，催生新颖的金融运营理念、金融组织形态和金融空间布局，

这些变革将颠覆性地扭转传统金融"统治"下区域竞争格局，为实现示范区的赶超式发展提供新的机遇。因此，在研发层面上，必须借助首都科技创新中心、国际交往中心和天津全国先进制造研发基地的人才、信息和创新优势，加快金融先进技术的捕捉和创造。在应用层面上，需要大胆尝试、应用各类新技术，破除制约新金融技术使用的体制机制障碍。

第五，实施综合管理服务，优化区域营商环境

创新示范区管理方式，按照法治化、国际化的要求，积极探索建立与国际高标准投资和金融规则体系相适应的综合管理体系。首先，探索建立负面清单管理模式，逐步形成与国际接轨的外商投资管理制度，推动金融管理由注重事先审批转为注重事中事后监管。其次，建设统一的金融监管信息共享平台，促进京津冀地区监管信息的归集、交换和共享。配合金融管理部门完善金融风险监测和评估，构建京津冀全域审慎管理体系。率先建立适用于京津冀全域、辐射全国的新兴金融资产、产品登记结算平台。再次，吸纳第三方评估机构参与开展制度创新、行业运行、人才聚集、信用采集、企业试点政策实施情况和风险防范等方面的评估，不断完善推进金融改革创新的措施。最后，完善示范区空间布局，形成"两区两带"（两区分别指于家堡金融区、京津冀金融合作试验区，两带是指友谊路金融聚集带、解放北路金融聚集带）网格式、节点式的新型布局。

五、京津冀协同发展下金融人才发展建议

金融人才是金融改革创新发展的基础性要素，特别是在金融业服务实体经济的今天，金融人才资源是否充沛、金融人才是否能够自由流动，决定着一个区域经济可持续发展的前景。在京津冀协同发展总体框架下，促进区域间的金融人才流动和优化配置是加快金融一体化进程、推动京津冀经济协同发展的重要保证。

第一，强化"政府引导、市场主导"的人才聚集模式

在京津冀金融人才发展建设中，政府首先应当充分发挥引导作用，提升就业吸引力，一方面，尽快落实"一张绿卡管人才"措施，为金融人才提供便利化服务，及时办理外地人员的社会保障手续，做好工作转变的后勤工作；另一方面，推进人才资本化进程，进行期权、股权激励，完善晋升制度，注重个人能力而非资历，并通过提升金融业整体薪酬待遇，尤其是中高层金融人才的薪资

待遇，提高本区域对金融人才的吸引力。其次，构建金融人才交流平台，最大限度地方便京津冀三地金融人才相互交流，并通过技术咨询顾问等形式达到智力共享的目的。

第二，营造良好的金融人才服务环境

采用阶段性减税措施来吸引人才，如"税收返还"政策；设立"金融人才奖励金"制度来弥补部分个人所得税带来的利益损失；依法贯彻落实国家法律法规，支持金融机构创新，健全金融法律体系，加强对金融产品服务的知识产权保护。放开对外资人才中介机构的限制，加强与外资人才中介机构的合作，带动京津冀人才中介机构的建设和完善；以"千人计划"为契机，拓宽海外金融人才引进渠道，加强与海外金融平台的合作关系。

第三，优化金融教育理念，提升金融教育水平

高等院校应当创新金融培养课程设置体系，推广"厚基础、宽口径"金融教育模式，不仅要培养专业知识，也要涉猎其他人文学科和自然学科的基础知识，提升金融人才的综合素质。在专业课程体系上要从注重宏观性课程向注重微观性课程转变，满足当代金融微观化的趋势。同时，结合金融市场的实际需要有针对性地培养各类岗位的应用型人才，聘请校外导师鼓励学生学习与金融行业发展关系密切的知识经验和操作技能。在推进京津冀协同发展过程中，深化京津冀金融教育之间的互动，加强区域内各高等院校、专业金融机构的深度合作，促进金融教育均衡发展，同时加大金融教师出国深造力度，全面提高跨文化交际能力和视野，学习吸收外国前沿金融理论，提高金融教育的国际化水平。

第四，实施科学的金融人才培养体系

金融人才培养应遵循"经验应用、骨干扩展、专家指导、引领创新"四个阶段。高校着重培养金融理论知识，金融机构培养专业实践能力，政府注重培训金融政策与法规知识，并通过协同创新机制实现高校、金融机构与政府之间的良性互动，为金融人才提供多方面的学习机会。同时，积极引进国际成熟的金融职业资格培训项目，增加具有国际化视野和职业资格的高端金融人才储备。此外，为促进京津冀金融人才发展的有序推进，政府部门应当尽快制订京津冀金融业人才发展中长期规划，为京津冀金融人才发展提供政策保障。

第一篇

金融教学改革研究

中国金融专业本科实验班项目比较研究

中央财经大学 应展宇①

摘要：进入 21 世纪以来，随着中国金融专业教育教学改革的深入推进，实验班成为众多高校国际化、复合型、学术型高端金融人才培养的重要模式探索之一。从现有国内各高校实验班项目的建设情况看，金融专业本科实验班在培养目标、课程设置、培养模式等方面尽管存在一定的差异，但在培养国际化的高端人才、课程体系与欧美接轨、精英培养等许多方面存在颇多的相似性。现实地看，金融实验班已成为许多高校高考招生的重要名片，培养出了一大批符合当前中国社会需求的高端人才。但客观地说，在培养能够在国内和国际两个平台自由转换的高端金融人才方面，实验班在目标设置、课程体系建设、教学模式及培养模式探索方面仍存在很多值得进一步思考的问题。各高校在实践中要以教学制度改革和完善为前提，扬长避短，构建差异化的高端金融专业人才培养模式。

关键词：金融专业教育 本科实验班 比较研究

随着经济金融全球化，尤其是中国经济金融开放进程的不断加快，中国社会对拥有全球视野、了解国际金融体系发展现状和运行规则、熟练使用国际上通行的金融工具和分析技术以及能快速有效地获取国际资讯的国际化高端金融人才的需求日益迫切，客观上也对中国现有的金融专业高等教育提出了新的要求。在这样一个背景下，金融类专业本科实验班作为一种全新的人才培养模式探索，开始成为国内众多高校的选择。本文试图在回顾实验班项目建设历史和收集、分析国内主要高校金融、经济实验班培养方案的基础上，通过国内外的培养模式比较，就中国金融专业本科实验班目前面临的问题及其未来发展趋势进行一些思考。

---

① 应展宇，中央财经大学金融学院副院长，教授，博士生导师。

一、中国金融专业本科实验班项目的发展历程

历史地看，从 20 世纪 90 年代中期至今，中国高等院校金融学类专业本科实验班的探索和发展大致经历了三个阶段：2000 年之前的早期探索期、2001—2009 年的稳步发展期和进入 2010 年之后的全面拓展期。（见表 1）

表1　　　　　　　　　　中国国内主要高校金融类实验班开设情况

学校	学院/开设年份	实验班名称
综合性高校		
武汉大学	经济与管理学院/1996	数理金融实验班
中国人民大学	财政金融学院/2006	金融学—数学双学位实验班
北京大学	光华管理学院	金融学（金融经济方向）
上海交通大学	安泰经济与管理学院/2010	经济类试点班（金融学、经济学）
财经类高校		
西南财经大学	金融学院/2002	金融专业双语实验班
		光华创新人才"金融与理财"实验班
中央财经大学	中国金融发展研究院/2007	金融学（国际金融）
		金融学（公司金融）
上海财经大学	金融学院/2009	金融实验班
中南财经政法大学	金融学院/2009	金融学专业（CFA 方向）实验班
对外经济贸易大学	金融学院/2010	金融学（特许金融分析师 CFA 方向）
其他特色高校		
中国政法大学	商学院/2011	数理金融实验班
		成思危现代金融菁英班

（一）早期探索期：武汉大学国际数理金融实验班的实践

20 世纪 90 年代，中国高等教育改革与发展在"体制改革是关键、教学改革是核心、教学思想和观念改革是先导"思路的指导下逐步走向深入。由于一方面中国的金融运行进而金融专业教育长期受计划经济思维的影响，一定程度上滞后于实践的发展，另一方面中国当时尽管已有 400 多所院校（90 年代末）开设了金融学专业，但诸多院校的办学水平参差不齐，各个院校的金融专业在培养目标、教学计划、课程设置、教学手段等方面差异较大。因此，金融学类专业本科教育项目的教学体系、教学内容和课程结构的构建和完善就成为摆在中

国金融教育界面前颇为棘手的一个问题。

　　某种意义上说，中国早期的经济金融实验班就是"西学东渐"的成果——1996 年 7 月，由时任世界银行经济学家的邹恒甫教授等发起、武汉大学经济科学高级研究中心（现为武汉大学高级研究中心）创办的国际数理金融试验班是国内首个尝试采用英文原版教材和教案、推行国外课程设置和教学方式的本科培养项目。从效果来看，武汉大学国际数理金融试验班自创建以来，一直实行小类单独招生，录取来自全国各地的优秀高分理科学生，进行国际化、规范化、"经济学（金融学）——数学"双学位的教育体制，在培养了一大批人才的同时，其教育理念在国内起到了极为重要的示范作用，极大地推动了实验班教育项目在中国的实践。

　　（二）稳步发展期：金融类实验班培养模式的实质性落地阶段

　　进入 21 世纪，中国经济金融类高等教育的教改思路较之前有了较大的改变，更侧重于针对学科、专业的更高层面上进行战略性研究，其目的是面向新世纪的社会和经济发展的需要，研究如何建设适应经济全球化趋势的一流大学、一流金融学专业，如何培养在经济全球化大趋势下真正具有国际竞争能力的一流人才。因此，差异化、特色化、国际化成为了中国众多重点大学金融专业教育建设的重要目标取向。

　　在这样一个大环境下，国内经济金融学科实力较为雄厚的高等院校国内许多大学（如北京大学、中山大学、上海财经大学、复旦大学、中国人民大学、西南财经大学、华中科技大学、华中师范大学、中央财经大学等）纷纷成立与武汉大学高级研究中心类似的中心或研究机构，寻求科研与国际接轨，本科教育也纷纷采取实验班的形式寻求国际化、差异化和特色化的突破，以期构建高级金融人才的培养新模式。①

　　在这个时期，西南财经大学较早就做出了类似的尝试——2002 年起，西南财经大学就开办金融学双语实验班，其相当部分专业课程采用全新的英文教材，使用中英文相结合的讲授方式，师资方面聘请外籍教师与国内专家和教授。培养具有国际竞争力的高素质复合型、应用型人才。同时，西南财经大学还设置了"光华创新人才金融与理财实验班"，通过优才培养模式，探索人才培养的新模式。中国人民大学财政金融学院作为中国金融人类培养的重镇，则于 2006 年

----

① 2001 年北京大学元培计划实验班可能是这一时期国内高校最早的探索。

启动了"金融学（数学）双语（双学位）实验班"本科教育项目，极大地强化对数学能力的要求，旨在培养具有国际化视野、了解现代金融理论和实务的高级人才，毕业生可同时获得经济学学士学位和理学第二学士学位。中央财经大学则紧随其后，2007 年依托"985"创新平台机构之一"中国金融发展研究院"，开办了国际金融和公司金融两个方向的金融学本科实验班项目。

进入 2009 年，金融学本科实验班项目在国内的财经类高校得到了进一步发展——旨在为上海国际金融中心培养高端人才的上海财经大学金融学院金融实验班，旨在把 CFA 课程与中国金融市场相关联，培养基础扎实、知识面宽、综合性强和国际化程度高的高端金融人才的中南财经政法大学"金融学专业（CFA 方向）实验班"相继启动，拥有国家重点学科（含培育）的国内知名财经院校金融学专业均设置了本科实验班项目。

（三）全面拓展期：金融学本科实验班覆盖面不断扩散

进入 2010 年之后，上海交通大学、对外经济贸易大学、中国政法大学等国内重点院校纷纷开设了与金融类专业相关的实验班，意味着本科实验班项目作为培养差异化、特色性金融专业本科人才的模式在国内得到了进一步的认可，实验班开始成为各个高校吸引高素质人才非常重要的一个措施。

二、中国金融专业本科实验班项目：一个简要比较分析

（一）实验班的培养目标分析

归纳国内现有诸多实验班的培养目标，可大致总结如下：培养学生具有创新思维、国际化视野、较深厚的现代经济学与金融学的理论素养，使其能掌握现代经济学、金融学研究的工具和方法，娴熟地进行金融数量化分析，并为其将来从事经济学研究和经济管理提供良好的平台。

通过现代经济学与金融学、数学、英语、计算机等方面课程的学习，毕业生应具备以下知识和能力：

1. 掌握中级以上现代经济学与金融学的理论与分析方法，了解经济学、金融学前沿理论及其研究的发展动态，具备用所学理论和方法进行较深入的学术研究的能力。

2. 熟练掌握金融常用的计算机语言，能够运用数学方法进行较复杂的金融

建模和定量计算，以及深入的金融分析。

3. 熟练地掌握英语，能用英语进行研究和国际化交流。

4. 了解金融法规，关注金融法治、金融改革、金融安全等现实问题，具有国家责任感，诚实守信，身心健康。

围绕该培养目标，现行实验班呈现出不同的培养特色：

1. 实现学科的交叉融合（尤指数学与金融）。该模式不是简单地将本科数学课程与金融课程叠加，而是将数学、经济、金融的学习、研究和实践整合成一体，贯穿整个培养过程，实现学科交叉融合。通过本科阶段数学与金融课程的相互渗透，让学生在接受数学教育的同时，也接受金融学的教育，既有严密的逻辑思维能力，又有经济学的思维方式，最后形成复合的思维方式。

2. 实现本硕贯通。该模式在本科前三年，侧重于数学基础课和专业课的学习，同时每一学期设置 2~4 门金融学专业课；成绩优秀者进入四年级后可以申请直升研究生并提前开始研究生基础课程的学习，同时进行本科毕业设计。实现本科和硕士阶段的学习和研究无缝对接，贯通一体。

3. 实施科学的培养方式。例如均采用国外先进教材，课堂教学注重启发学生的科研思维能力，对于各类数学、编程和计量分析方法，将结合经济和管理的应用来讲授。再如，学院将向实验班倾斜全院各类优秀的教学资源，包括推免生报送、聘请国外教授授课、国内暑期班培训和国际交换生交流等。

4. 强调实践环节。积极鼓励学生本科阶段参加大学生创新计划和实践项目，以及其他跨学科学习和各种研究活动，培养学生多视角观察问题和综合解决问题的能力，让学生获得不同专业之间的跨学科学习和研究的体验。如条件具备，将提供实习机会，进一步提升学生学以致用的能力。

（二）实验班的课程设置分析

实验班的本质，实际上就是在正常培养方式的基础上，加强对某一个或几个方面能力的训练。不同院校的实验班有不同的定位，加强的方面也各不相同。总结起来，包括基础课程、经济学基础课程、金融专业课程、金融专业化训练四个方面。

1. 基础课程

在本科金融学专业的培养过程中，有两方面的基础非常重要：数学和英语。

（1）数学基础

自 19 世纪 50 年代投资组合理论被提出以来，金融学进入了现代金融理论的发展阶段，其中一个重要的特点，就是大量引入数学方法来刻画金融现象，并且随着现代金融理论的成熟，其中的许多理论也被金融机构和从业人员所采用。可以说，现代的金融学教育离不开数学基础教育，无论学生毕业以后是要从事金融行业的工作，还是进行金融方面的研究，都离不开坚实的数学基础。而随着金融理论学习的深入，所需要的数学知识也越来越艰深，因此许多院校的实验班都对数学基础进行强化训练，如武汉大学数理金融与数理经济实验班、人民大学金融学—数学双学位实验班、上海交通大学经济类试点班（经济学、金融学）、中国政法大学数理金融实验班、华中科技大学经济学—数学实验班。

一般来说，各院校通过两种方式来强化数学训练：一是提高已有数学基础课程的课时（学分）；二是增加相对高级的数学课程。表2总结了常见的数学必修课程及其学分数。

表2　　　　　　　　　金融类本科实验班数学课程设置状况

	课程名称	总学分数	开课学期
已有数学课程	数学分析（高等数学）	12～16	第1～3学期
	高等代数（线性代数）	3～10	第1～2学期
	概率论、数理统计	4～8	第1～2学期
相对更高级的数学课程（必修）	随机过程	2～4	第4～6学期
	常微分方程	4	第3～4学期
	数值计算	3～4	第5～6学期
	实变函数	3～4	第3～4学期
	动态优化理论	3	第3～4学期
	应用时间序列分析	3	第3～4学期
相对更高级的数学课程（选修）	泛函分析	3～4	第5～6学期
	随机微积分（随机分析初步）	2～4	第5～6学期
	偏微分方程	2～4	第5～6学期

（2）英语基础

金融学是国际化程度比较高的一门学科，因此对于英语的要求相对较高，双语教学和纯外语教学也已经在各高校屡见不鲜。对英语的强化，有助于学生在毕业以后能够迅速适应金融的职场工作环境；而对于有志于从事金融学研究的学生来说，英语能力的提高也能使他们在阅读英文文献，紧跟学术前沿上具备优势。因此，对英语的训练也是必不可少的。

　　上海财经大学金融实验班、西南财经大学金融专业双语实验班、中国政法大学数理金融实验班都安排了大量英语课程，以强化学生英语的听、说、读、写能力。如上海财经大学金融实验班在正常的大学英语基础上加设了 12 个学分的英语口语和英文写作训练。

　　而更多的做法，则并不增加学生的英语课程，而是将学生英语能力的提高，放在各专业课的学习中。毕竟英语能力的提高还是要立足于金融英语的学习。如武汉大学的数理经济与数理金融实验班，就鼓励学生阅读大量的英文原版教材，这既锻炼了学生的英语水平，又能让学生更为直接地接触到国际化的金融知识。

　　2. 经济学基础课程

　　金融学是二级学科，从属于一级学科应用经济学。因此，在本科金融学专业培养中，经济学基础也是十分重要的。一般来说，金融学本科的经济学基础课程包括：初级宏观、微观经济学，中级宏观、微观经济学，以及计量经济学。部分院校的实验班，则在此基础上进行了进一步的强化训练。

　　一部分院校是从经济学的深度上进行强化，即加强经济学课程的难度，并将课程深化到高级宏观、微观、计量经济学。这其中包括武汉大学数理金融与经济实验班，中国政法大学数理金融实验班，浙江大学经济实验班以及华中科技大学经济学—数学实验班。

　　另一部分院校是从经济学的广度上进行强化，即增加开经济学课程的多样性，涉及经济学的各个领域，包括产业经济学、发展经济学、信息经济学、国际经济学等。这其中包括清华大学经济与金融专业，复旦大学经济学专业（数理经济方向）以及中山大学经济学人才培养实验班。

　　3. 金融专业课程

　　作为金融实验班，最重要的训练还是要落实在金融专业课程的教育上。几乎所有的金融类实验班都在强化金融专业课上做了许多努力和尝试，而这些尝试，都与实验班所在的高校和院系的特点有很大关系。

　　如北京大学光华管理学院金融学（金融经济方向）专业根据自身的特色加入了许多管理类的课程；上海财经大学近年来与国际接轨程度很高，因此其金融实验班的课程设置非常国际化，同时由于地处我国金融中心上海，其开设的课程实用性也非常强，这一点与上海交通大学安泰经济与管理学院经济类试点班（金融学、经济学）类似；金融学是人民大学的传统优势学科，因此人民大学的金融学—数学双学位实验班的金融学课程也具有其传统金融学的特色；西南财经大学金融专业双语实验班则以双语为主，旨在培养英语能力很强的金融人才。

虽然各院校的实验班侧重点各不相同，但金融专业的核心课程还是不变的，表3对这些核心课程进行了总结。

表3 金融专业实验班专业核心课程设置状况

	课程名称	总学分数	开课学期
金融基础课	金融学	2~3学分	第2学期
	金融市场学	2~3学分	第3学期
	财政学	2~3学分	第3~4学期
	会计学	2学分	第2学期
	国际金融	2~3学分	第3~4学期
	公司金融	2~3学分	第3~5学期
金融专业课	固定收益证券	2~3学分	第5~6学期
	商业银行管理	2学分	5~6学期
	证券投资学	2~3学分	第4~5学期
	投资银行学	2学分	第5~7学期
	金融工程	2~3学分	第5~6学期
	行为金融学	2~3学分	第5~7学期

另外还有一些常见的金融经济课程，如金融经济学、时间序列分析、博弈论与信息经济学等。

4. 金融专业化训练

金融学是一门与现实结合得很紧密的学科，金融行业的从业人员大部分都是从金融学、金融工程等专业毕业的学生。由于其实用性非常强，因此有一些院校也会重视强化学生的金融专业技能，旨在培养一毕业就能顺利进入金融职场的应用型人才。如对外经济贸易大学和中南财经政法大学都有专门培养特许金融分析师（Chartered Financial Analyst）的实验班，西南财经大学有光华创新人才"金融与理财"实验班，旨在培养学生的专业理财能力。

（三）培养模式分析

本部分根据不同学校的特点和办学模式，对实验班进行分类，并进行进一步的深入分析。总体来说，分为三类：（1）综合性大学双学位实验班（人大、武大）；（2）综合性大学经济、金融综合实验班（北大、清华）；（3）财经类大学金融实验班。

1. 综合性大学双学位实验班

此类实验班是以综合性大学强大的金融学、理学基础为依托，同时加强金融学的数学基础和专业教育。该类实验班的培养目标并不是直接向社会输送人才，而是旨在为国内外一流大学输送高端的金融人才。实验班的学生毕业后可以拿经济学和数学两个学位。代表院校为人民大学金融—数学双语实验班，武汉大学数理金融实验班。这一类实验班共同的特点是：

（1）加强数学基础。无论是国内还是国外，金融学的深造都需要很强的数学基础，因此这一类实验班都十分强调数理功底，为此专门为学生提供了数学学位，对学生的数学要求是极高的，在一般的强化基础上（实变函数、常微分方程、随机过程等），甚至还开设了泛函分析、偏微分方程、复变函数、拓扑学等高级数学课程。

（2）加强英语基础。相对来说，国内的金融学科建设与国外一流大学的金融学科还是有一定的差距，因此在去向上，这一类实验班都十分鼓励学生出国深造。而出国深造需要良好的英语交流能力和专业英语背景，因此这一类实验班也会加强英语基础，尤其是大量使用英文原版教材。

（3）有意识地树立独立的实验班品牌。例如，人民大学的金融—数学实验班有专门的网站，可以从财政金融学院的主页上链接过去；武汉大学数理金融实验班实际上就是依托于独立的武汉大学高级研究中心（IAS）。

2. 综合性大学金融综合实验班

北大、清华是国内顶尖的综合性大学，各个学科建设都很齐全，同时有很强的国际化资源。以此为依托，北大、清华经济金融方向本科生注重的是基础通识教育和个性发展。具体来说就是，为学生打下良好的经济、金融基础，注重学科认识和学生综合素质的全面提高，为学生提供一个多样化的国际性平台，让学生自己选择将来的出路。

该类实验班都会给学生提供大量的出国交流的机会，注重学生研究能力的提高，但同时由于实验班身处国内顶尖的商学院（北大光华、清华经管），因此，也有着良好的职业发展。北京大学光华管理学院的教育模式一直处于国内的前列，早在20世纪初，光华管理学院就在海外归国教师的推动下，开始进行金融学的本科教育改革。设置本科生金融实验班，其宗旨便是加强数学基础，大力推动用国际英文教材替换陈旧的国内教材，提高英文授课的比例，使本科教育与国际接轨。这一教学改革目前已经结束，金融实验班也随之取消，但其理念已经推广到了光华管理学院整个学院的本科生教育体系。

近几年，为了与建设研究性大学相呼应，光华管理学院又增设了金融学（金融经济方向），以加强本科生的学术研究能力。因此，这部分总结的办学特点不仅仅是金融经济方向的培养方式，更是整个光华管理学院的培养模式。

清华经管近十年发展也十分迅速，其经济与金融方向的本科生培养模式与光华金融经济方向类似。

一是国际化程度很高。该实验班着力提高英语基础，使用英文原版教材，大力提高英文授课比例，半数以上的本科专业课程采用全英文教学，特别是加强外教的口语训练，为本科生在大三时赴海外院校交换学习奠定了基础。

二是经济与金融并重。注重全面发展，经济学和金融学的课程各占一半，此外还包括大量的人文、社会科学，甚至自然科学类课程。

三是注重学术交流：①学术沙龙，频繁地就某些社会热点问题邀请专家，和学生一起讨论；②专业学术报告（平均每天有一场，甚至一天多达四场）；③学术导向的奖学金；④论文比赛，刊登在本院的期刊上。

总体来说，北大、清华对所谓的实验班的重视程度并不如人大和武大，更多地是为学生提供平台，而不是为学生规划方向。而从实际效果来看，清华金融与经济方向，2012 年毕业生国内读研占 50% 左右，出国深造 15% ~ 20%，工作 20% ~ 30%；人民大学金融—数学实验班到 2012 年截止的 80 名毕业生中，27 人赴国际一流大学深造、39 人保送研究生、4 人成功考取研究生、10 人到大型金融机构工作。从去向来看，效果其实是很类似的。

3. 财经类大学金融实验班

国内的财经类大学已经普遍开始开设金融类实验班，如上海财经大学、对外经济贸易大学、西南财经大学、中南财经政法大学、中国政法大学等。其中对外经济贸易大学、中南财经政法大学偏重于专业化训练（CFA）班，西南财经大学偏重于双语教学，上海财经大学和中国政法大学的实验班则着重于金融专业课的国际化和加强，其中最典型的代表便是上海财经大学金融实验班。

该金融实验班采用国际通行的金融学专业课程设置方式，使学生掌握现代金融学的核心知识与框架的同时，致力于重点培养学生的批判思维能力、独立思考能力及创新研究能力，致力于将学生塑造成经济学理论基础扎实、金融数量化分析技能娴熟，能够在中西方两个平台上自由往来的高级金融人才。

（1）学生来源、选拔标准和程序

金融实验班的学生来源以中外合作班新生为主，同时也对金融学院非中外合作的其他本科专业新生开放。每届新生入学后，采取完全自愿报名的方式。对于经过严格考核选拔进入金融实验班的学生编入金融实验班（中外）；其余未报名或未被选中的原中外合作班学生编入中外合作1班或2班。同时，在第二学期开始，希望加入金融实验班的学生仍可提出申请，经过学院考核后仍有机会入选进入金融实验班。选拔程序如下：①学生自愿报名；②笔试：重点考核数理及英语两部分；③面试：英语口语＋创新＆研究潜力＋综合素质；④筛选标准：结合笔试与面试成绩，形成总成绩，并按照从高分往低分排名，取前30名作为金融实验班第一批入选学生；⑤入选学生名单在学院网站公示一周。（注明：引入竞争性的学习环境，包括第二次选拔及末位淘汰制。）

（2）课程设置及相关要求

实验班着力打造最前沿的课程，精选教授团队授课、指导，旨在提供专业的英语训练、夯实扎实的数理基础、立足前沿的金融知识、培养敏捷的思维方式。

主要课程：微观经济学、宏观经济学、货币银行学、银行管理学、国际金融学、金融风险管理、金融经济学导论、金融工程概论。

公共基础课程选修要求（专业入门课程）：实验班学生，必须选修微观经济学、宏观经济学、计量经济学、财务会计概论、应用统计。

课程设置的整体思路：第一学年以现有中外合作班为基础，针对希望加强的几门课程（如数学与经济学）采取单独开班授课。第二学年以强化学生的英文、数学及经济学基础为主进行即数学、英语与经济学强化训练。在第二学年结束时，学生数学、英文水平应达到美国一流大学博士项目申请标准。第三学年在"少而精"的指导原则下，强化金融学基础训练；金融学基础应达到研究型硕士入门标准。第四学年拓展知识面，可自由选修全院课程（含部分研究生课程）。

三、关于当前中国金融专业本科实验班项目建设的一些思考

过去近20年来，金融学专业各类实验班作为中国金融人才培养模式改革的重要探索与创新之一，取得了许多成果，得到了学生、社会乃至国际金融教育界的广泛认可，成为中国金融本科教育体系中亮丽的一道风景线。但从当前众多实验班的实际运行状况看，有一些重要的人才培养问题颇值得进一步的思考。

（一）关于金融专业本科实验班的培养目标

自 1996 年武汉大学的实验班创设以来，国际化、学术型、复合型高端金融人才等表述几乎成为了国内众多高等院校金融实验班培养目标的标准化表述。在我们看来，关于实验班人才培养目标的这些表述雷同的背后反映了对一个人才培养中至为关键目标问题的反思和探索——在中国经济体制以及金融体系的发展程度与美英等发达国家仍存在较大差异的前提下，中国社会最急需培养的高端金融人才的培养是否可以或应该复制欧美人才培养模式？换句话说，通过实验班这种创新培养模式的探索和实践，能否培养一批在海内外两个平台自由转化的高端金融人才？

现实地看，无论从课程体系、课程内容以及教学方式等来看，2000 年之前的中国金融本科人才培养与国际差异很大。2000 年以来，随着金融专业"面向新世纪教改"和"新世纪教改"两个国家级教改项目的推进和完成，中国金融专业高等教育的目标渐趋明确，与国际之间的差异明显缩小。但问题是，由于金融专业类实验班人才培养的主要资源依托是海归金融博士群体，而这些师资尽管对西方金融理论和欧美金融实践有较多的认识，但对中国金融大都缺乏深入的了解，尤其是中国经济金融制度的独特性及其对金融运行的影响。在这样的大背景下，实验班培养目标如何实现在国际化基础上的对中国金融理论和实践的"兼容并蓄"，从而提升中国学生的未来发展潜力就成为判断项目成败的关键。换句话说，我们绝对不能简单地以实验班学生的出国比率以及论文发表状况来判断实验班的优劣，而是要能够培养一批能扎根中国金融实践、又熟悉国际金融理论前沿和规范、能够在国际金融秩序变革中发出中国声音或影响的官员、学者或国际金融组织及跨国金融机构高管。这意味着，中国的金融实验班不应单纯地定位于培养欧美名校硕博士研究生的预科班，而应加大中国元素在培养中的地位，真正体现其两个平台融合高端人才的初衷。

（二）关于实验班的课程体系设置

从课程设置上来看，国内大多数金融实验班在专业课程与国际接轨的同时，有意识地加大对英语、数学以及计算机等知识的授课力度，以期让学生在毕业时拥有较高的研究能力，能直接进入欧美或国内名校的硕博士项目。但对比国外知名院校的本科项目，我们还是可以发现尽管课程设置似乎已经非常"国际化"了，但其理念和内容还是存在很大差异。

1. "宽口径、厚基础"中的"宽"究竟宽到什么程度？"厚"基础的内涵究竟是什么？

以哈佛大学、耶鲁大学等为代表的国际一流大学均认为本科阶段教育的目标在于使学生具备良好的专业知识、智力技巧和思维习惯，进而非常强调通识教育，或者说知识体系的宽泛和完整性——以哈佛大学为例，学生在校 4 年需要完成 32 门课程，其中 16 门专业课，8 门核心课，8 门自由选修课，而其中的核心课程分布在外国文化、历史研究、道德思考、文学与艺术、科学、社会分析、定量推理 7 个领域。这意味着国外著名院校的经济或金融专业本科课程设置中，除经济学原理、数学、计量经济分析等基础课外，纯粹的金融专业类课程的数目极为有限（多为 2 ~ 5 门），更多地侧重于使学生通过广泛阅读、交流实现的自我专业能力提升。显然，这种课程安排和国内现有的实验班课程安排之间存在较为明显的差异——国内实验班在金融专业方面的理论与实践、微观与宏观、定性与定量的课程（含必修和选修）数目繁多，更多地希望学生通过细分课程的课堂学习来掌握专业知识，通识课程的设置往往受学校资源的限制，在培养方案中比重不高。现实地看，国内的金融专业教育更重视专业知识体系的完整性，而对学生的综合知识和能力缺乏足够的重视。国内外的这种课程设置差异最直观的体现就是中国学生专业知识掌握程度颇高，成绩较为理想，但批判性、开放性的思维和主动学习的能力相对较弱，成为其后续学习一个重要障碍。

2. 本土课程与国际化课程之间的融合如何实现？

国内金融专业本科实验班专业课程的设置科目高度相似，选择的大多是国外知名学者编写、较为成熟且经过多次修订的教材。这种情况决定了大多数专业授课教师在组织教学内容时一般以国外内容为主、中国内容为辅，或者说中国金融的相关知识一般以讲座或案例的形式嵌入，很少开设以"中国金融"为标题的相关专业课程——让海归博士以中国金融为对象介绍，分析其机理，无论从实践上还是理论上都有较大的难度，且带有明显的研究性质，似乎更适合研究生层次的授课。但从学生层面来说，这种专业主干课程的授课方式似乎很难让其了解中国金融的实践，进而很难在知识体系上深化其对金融改革和发展独特性的了解，实现两个平台的融合。从这个意义上说，如何在国外商学院模式成熟金融课程的基础上开发扎根中国实际的专业课程可能是摆在中国高等院校面前一个必须解决的问题。

3. 如何看待英语类课程在课程体系中的地位或作用？

如何完善英语类课程在现行中国高等教育中的设置和地位可能是非常具有

争议的话题之一。一方面，经过了长达 10 余年的英语教育之后，中国学生的英语实用能力普遍不强；另一方面，英语在现行专业培养方案中的比重较高，基本都在 10% 以上。实验班的课程多以国际化为设置取向，很多专业课程以全英语或双语形式来讲授，本身对学生的英语能力提出了很高的要求。在这种背景下，是应该加大英语的授课力度（如对外经贸大学等院校加大到近 20%）还是通过专业英语学习来提升学生英语能力就成为实验班课程设置中的重要问题之一。

（三）关于实验班教学模式

1. 课外阅读制度

从国外高校的教学实践来看，课外阅读是教学的重要一环，教师的教学大纲中往往会列出学生课前课后必须读哪些相关领域的论文和书籍，而且阅读量极大，对学生自主学习的要求很高。但从中国的情况看，受制于：（1）学分设置（学分数较高，课程任务繁多，留给学生自主学习的时间相对压缩）；（2）图书馆资源（有些重要的文献和图书查找并不容易，教师须主动提供阅读资料）；（3）传统的考试模式（内容多以课堂为主，课外知识为辅）；（4）现行的教师工作量考核（教师在准备文献、阅读文献上的工作一般不计入授课工作量）等因素，很难保证学生阅读质量。

2. 课程讨论班制度

小班教学具备了推进课程讨论班制度的基础，但如何引导学生并客观地评价学生的表现是摆在教师面前必须解决的问题。从目前的情况看，讨论班的设置有两种选择，一是作为课程的内容之一，二是在课程之外，由助教来实现。但放在课程内，将大大压缩教师授课时间，一定程度上影响知识体系的完整性，而由助教在课程之外实现的话对助教就提出了很高的要求，导致很难找到合适的助教人选。从中国的情况看，放在课程内是多数教师的选择（也涉及教师工作量评价问题），但如何在做好课程的时间分配的同时鼓励教师通过讨论来强化学生自主学习能力也成为教学管理的难题之一。

（四）关于实验班培养模式的选择

1. "精英教育"模式

与国外不同，中国高校，尤其是金融专业的实验班大都采用的"精英教育"模式，其参与人主要是一批考分高，数学、英语成绩突出的学生，采取差异化方式培养。在中国中等教育地区差异颇大的今天，实验班这种人才来源模式有其内在的合理性，但显然和国外知名院校的做法存在较大的差异。

2. 本科学术导师制

国内金融实验班大多实施了本科学术导师制。但问题是，本科阶段学术导师的定位或功能如何界定？相当一部分院校的学术导师承担了论文指导的角色，即把学生论文写作时间前置，从大三开始就指导一些学生开展学术研究并完成相应的论文。另一些院校的学术导师则更侧重于对学生学习过程的指导，而不过分拘泥于学术研究，只是在大四时承担论文指导工作。在我们看来，尽管各个院校实验班生源均颇为优秀，且学生出于出国深造或保送研究生等考虑也存在极为现实的论文写作要求（当前国内很多旨在研究生保送的夏令营均有学术论文的要求），但从人才培养的阶段性要求来看，如果过早且强制性地让所有实验班本科生介入论文写作，有时恐怕有拔苗助长的意味。换句话说，从学生成长规律的角度看，学术导师应更多地指导学生开展课程选择、文献阅读等基础性的学术活动，进行必要的学术训练，而不应强求学生完成学术论文并以论文发表的档次来评价学生的优劣。在我们看来，通过学术文献综述的评价来判断学生学术潜力恐怕更为可取。

3. 国外教学交流

鉴于国内院校金融实验班极强的国际化取向，很多院校的金融实验班都提供或要求学生赴海外合作院校进行1～2学期的国际交流机会，以使学生更好地了解外国文化，近距离地体验国际化的专业教学内容及模式。在经济金融日益全球化的今天，这一活动对于提升项目吸引力并强化学生学习环境显然具有极为明显的作用，非常值得提倡。但问题是对于相关院校而言，如何合理地选择合作院校和做好国内外专业教学计划的衔接（国内学生一般教学交流大多在第5～7学期）对于实现国外交流的目的至关重要，否则一旦国内外院校专业课程设置差异过大导致课程无法有效转换，很可能会给学生的学习带来一些不必要的麻烦。

参考文献：

王广谦等.21世纪中国金融学专业教育教学改革与发展战略研究报告［M］.北京：高等教育出版社，2004.

金融互联网时代保险应用型 人才培养的研究

——基于《保险理论与实务》课程教学的探讨

江西财经大学　胡少勇[①]

摘要： 近年来，随着我国保险业的迅猛发展，保险专业人才短缺的状况日益严重。本文基于我校《保险理论与实务》课程的教学与建设，对我校应用型保险人才培养模式进行评估、归纳和总结，以期为我国保险专业人才培养建设提供有益的参考。

关键词： 保险教育　实践基地　创新人才

长期以来，保险专业人才特别是高层次应用型人才匮乏的状况一直是我国保险业发展的桎梏。一方面，保险市场与保险业发展亟需高素质的保险专业人才；另一方面，国内高校保险教育培养出的毕业生不能满足保险行业对人才的需求。同时，国内高校保险教育中的问题，除硬件不足之外，关键还在于软件——保险教育理念及教育模式上的弊端，即没有根据保险市场需求在保险教学专业培养方向上进行明确定位。因此，重理论轻实践的高校保险教育其结果必然造成保险理论与实践的脱节、保险人才培养与社会需求的严重不合。

《保险理论与实务》是高校培养保险专业人才的一门基础课，对培养应用型保险人才至关重要。正基于此，本文根据多年来我校《保险理论与实务》课程的教学实践，力求探索和创新具有中国特色的应用型保险人才培养模式，这对于缓解我国保险专业人才严重不足的状况具有很好的理论与实践意义。

---

① 胡少勇（1979—），男，江西进贤人，精算学博士，江西财经大学金融学院风险管理与保险系主任；研究方向：保险精算，保险教育。

一、金融互联网时代个性化的保险理论教学模块建设

21世纪是信息化的时代，互联网已然成为社会生产和人民生活不可或缺的物质基础，人类的活动将依赖于网络，尤其是金融互联网新时代的教育更离不开网络。在此背景下，互联网的教育模式正冲击着传统的教育模式。作为互联网教育模式典型代表的网络教学可以突破时间和空间的限制，最大限度地发挥学习者的学习积极性，并以此提高学习效率，因而，网络教学是非常有利于创新型保险人才培养的一种教学手段。基于我校《保险理论与实务》课程的教学实践，我们从以下五个方面阐述金融互联网时代个性化的保险理论教学模块的建设。

（一）网络课程的建设

金融互联网时代，多媒体课程、微课、慕课（MOOC）等一些新名词冲击着人们的眼球，这些新型的教学形式不仅是一种新的教学手段，更是一种新的教学态度，它们改变着我们的传统教育，让教育的力量变得更强大。网络课程是通过网络系统与计算机的结合，把教师对教学的设计思想与理念，借助于计算机的交互性和多媒体图、文、声、像并茂的媒体特点，将抽象的概念和理论以形象的、易于接受的形式展现给学生，为学生提供多种感官的综合刺激（蔡荣华，2013）。这些新型的网络教学方式能极大地引起学生的学习兴趣和学习积极性，帮助学生对教学内容的接受，达到人机交互的目的。网络课程可将丰富的学习资源、快捷的信息检索与查询工具、多种通信工具、网上模拟实践等教学信息开放化，使教师和学生通过网络进行教学和交流，从而使教育形式不再有地域和空间的限制。因此，我们不难预见，传统的教学模式必将走向网络化的课程教学模式。

（二）视频案例的创建

案例教学是一种情景教学模式，它把学生带入特定事件的环境，再现案例情景，培养学生认识、分析和解决问题能力的一种开放式、互动式教学方法。案例教学是经济学和管理学类课程教学的重要形式，它把一个个独特的经济管理情景展示给学生，使他们不离校就能在短期内接触到现实经济生活中各种各样的实际问题，从而有效地弥补了实践的不足和学习的片面性（何宏庆，2010）。伴

随着网络技术的发展，文字案例已无法满足学生对情景再现的需求，单纯的文字叙述案情已无法适应现代的教学手段。在我校《保险理论与实务》课程中我们精心制作了 20 个视频案例，每个案例通过 3～5 分钟的短片再现案例情景，然后由我系资深教授结合教学内容做深度剖析。通过案例分析来阐述保险理论，其优势在于将空洞的理论与复杂的保险实务相结合，能极大地激发学生学习的兴趣和积极性，同时能达到较好的教学效果。这些选用的教学案例全部来源于各电视台、电台法制栏目或新闻焦点栏目的真实报道，以及保险市场上最新的保险纠纷与争议，通过案例的学习与讨论，既可以增强学生学习的兴趣，也能够提高学生对社会热点问题的洞察力。

（三）微课课程的制作

当前，微课已成为我国教育信息化发展的新热点。微课是针对教学过程中某个重点、难点或教学环节所创作或录制的短小精悍的视频教学资料。一般一节微课 5～10 分钟，它是将某个教学内容微型化、情境化、可视化处理过的精华内容。这种课程符合网络时代学习者的注意力模式和在线教学的技术要求。在《保险理论与实务》课程中我们将保险学中非常重要的十个知识点拍摄成短小精悍的微课课程，内容涵盖保险四大原则、车险霸王条款、高保低赔、车险潜规则、无责免赔等。通过微课模式进行重要知识点的教学，达到微课与传统课程的融合互补。

（四）热点问题的探析

保险理论要与时俱进，如何将保险理论贯穿到社会生产与大众日常生活中，是一个值得探讨的话题。在《保险理论与实务》课程中我们不定期开展保险热点问题探析活动，将当下保险界的热点问题通过学生的讲解、教师的现场点评制作成视频予与解读，涉及的热点有商业车险费率条款改革、存款保险制度、个税递延型养老保险、以房养老政策、保险资金运用渠道、第二代偿付能力监管等问题，在师生交流过程中达到领悟知识，灵活运用知识的效果。

（五）保险职场的访谈

访谈法是教育研究中常用的一种调查方法，通过访问者与被访问者间的深度交流和互动，搜集有关态度、情感、知觉或事实性材料。由于访谈法主要通过交谈获取研究资料，可以加深资料分析的深度、可信度和客观性（蒋国珍，张伟远，2004）。

我们先后采访了国内各家保险公司近40余人，涵盖了保险精算、查勘、定损、核保、理赔、销售等主要岗位，通过人物访谈、视频展示保险职业的基本情况、典型特征和能力要求，让学生了解保险行业各个岗位和职责，帮助大学生更好地认识和规划职业，提升就业能力。

二、金融互联网时代个性化的保险实践教学模块建设

实践教学是高校实现人才培养目标的重要环节，它对提高学生的综合素质，培养具有创新意识和实践能力的应用型人才具有特殊的作用。基于我校《保险理论与实务》课程的建设，我们从以下四个方面阐述金融互联网时代个性化的保险实践教学模块建设。

（一）科学的实践教学计划

在人才培养方案的制订过程中，我们邀请业界专家共同商讨，明确制定实务课程的讲授和实践教学环节的实施。通过实务讲座教师提前介入教学设计环节，与专任教师衔接教学内容，保证兼职教师授课内容与实践教学计划的一致性。在授课过程中，专任教师和兼职教师相互协调，相互补充。

（二）规范化的实践教学队伍

为保证兼职硕导队伍的质量，我们将申报人分别按学历、专业职称、科研成果、实践经历等进行综合评估，经本人申请、院学位评委会审核、导师组审核、校学位委员会审核等阶段后最终确定名单并由学校行文公示，从而确保评选出的兼职硕导理论研究水平高、专业性强、实践经验丰富。业界讲座教师则由各公司推荐一些实务技能强，演讲水平高的业务骨干担任。同时，我们制定了《校外硕士研究生兼职导师聘任工作条例》和《校外兼职教师管理工作条例》，以规范业界师资队伍。

考虑到业界兼职教师在上课时间上的不确定性，我们将兼职教师或兼职硕导与相应课程的专任教师一一对接，这些兼职教师或兼职硕导的教学可以随时穿插在相应的专任教师课程中进行，也可以利用周末或晚上上课，只要题材符合相应的专业课程，讲座的内容不限，上课的形式也不作限制，这种柔性化的管理模式给业界老师提供了充分发挥的空间。

（三）个性化的实践项目设计

利用实践项目驱动实践教学。围绕以实习、实训项目、保险产品解读项目、保险产品创意大赛项目以及鼎诚模拟保险公司项目为代表的各种保险实践活动的展开，来带动和丰富保险实践教学。例如，实习、实训项目一般都来源于实习单位的实际问题或者是最新业务，可以是公司某种新业务的具体分析、新产品的点评、新渠道的开拓等。实践项目的选择也大多与学生后续毕业论文的选题密切相关；在保险产品的解读项目中，我们精心挑选了保险市场上最新的或极具代表性的保险产品，通过产品综述、风险提示、适合人群三方面对该保险产品的市场价值进行深度的解读与剖析；在保险产品创意大赛项目中，我们将学生参加全国大学生保险产品创意大赛的答辩现场拍摄成视频教学资料，以赛促学，培养学生的实践创新能力；鼎诚模拟保险公司项目全流程模拟保险公司的经营运作，目前该项目已连续举办9年，并成为了江西财大学术节上一道亮丽的风景线，影响远播校内外。

（四）便捷的实践基地平台

目前，我们拥有全省39家保险公司的实习资源。在实践基地的构架与管理模式上采用一个基地多个实习点的模式，我们在江西省保险保监局、保险行业协会设立实践基地，在省内各家保险机构设立实习点，由行业协会秘书长任实践基地的业界总负责人，同时各家保险公司成为协会的会员单位，其公司负责人是我们的兼职硕导，也是相关实习点的负责人，这种自上而下的统领关系，有助于实践基地的管理，有利于实践工作的协调与开展。

由于只有总公司和中介机构才有产品研发、技术创新的权限，在实践基地设立时，我们就充分考虑到今后教师研究成果和学生创意大赛作品转化途径。我们的实践基地纳入了两家保险中介公司和江西省唯一一家全国性法人机构的财险公司——恒邦财险，今后可以将我们创作的保险产品直接与他们的研发部对接落地。至此，我们已经拥有便捷的平台转化研究成果。

三、结论

整个《保险理论与实务》网络课程具有学、研、用相辅相成的特点，它不仅能够帮助教师达到系统化、全面化的教学目的，也为学生学习相关保险知识提供了一种全新而便捷的学习方式，提供了一种课本之外的学习渠道，这种极具时代特色的第二课堂是课堂教育的有力补充，因为，它能够极大地提高学生学习的兴趣和提升学习的效果。

　　整个教学环节将理论学习与实践培训相结合，将课程学习与实践更早地结合起来，注重培养学生的实践能力和创新精神，以期最终达到学以致用、学以致研的目的。

参考文献：

　　[1] 安富海. 教学实践是一种创造性实践 [J]. 高等教育研究, 2014 (35)：68 – 73.

　　[2] 彭丽萍. 保险专业实践教学研究 [J]. 金融经济, 2013 (18)：164 – 166.

　　[3] 展凯. 高校保险专业实践教学体系的构建战略 [J]. 广东外语外贸大学学报, 2013 (3)：109 – 112.

　　[4] 高侯平. 高校本科保险专业实践教学模式探讨 [J]. 高等财经教育研究, 2013 (11)：9 – 10.

　　[5] 黄锐. 以实践能力为核心的专业硕士培养模式探究 [J]. 教育研究, 2014 (11)：88 – 94.

　　[6] 黄继英. 国外大学的实践教学及其启示 [J]. 清华大学教育研究, 2006 (4)：34 – 37.

　　[7] 刘翃, 魏晓红. 网络时代教学变革思考 [J]. 西南民族大学学报（人文社会科学版）, 2007. (S1)：94 – 95.

　　[8] 蔡荣华. 对互联网时代教学模式改革与创新的思考 [J]. 关注, 2013：131 – 132.

　　[9] 何宏庆. 保险学案例教学模式初探 [J], 保险职业学院学报, 2010, 24 (1)：84 – 86.

　　[10] 蒋国珍, 张伟远. 访谈法在远程教育研究中的应用 [J]. 远程教育杂志, 2004 (3)：56 – 59.

　　[11] 时伟. 论大学实践教学体系 [J]. 高等教育研究, 2013 (34)：61 – 64.

第二篇

金融教育模式与
人才培养机制研究

按市场化、应用型原则改造重构
金融人才培养机制[①]

浙江金融职业学院　周建松[②]

摘要： 当前，金融热而产生的金融教育热仍方兴未艾，如何抓住这一重要契机，研究和推进金融人才培养模式改革，需要我们认真思考和积极探索。本文从回顾我国各阶段金融教育和人才培养工作体制机制出发，提出了今后一个阶段我国金融人才培养的市场化改革之道、专业化发展之向、职业化培养之路，并以浙江金融职业学院为例，进行了分析和介绍。

关键词： 应用型金融人才　培养机制改革　市场化

金融是现代经济的核心，也是社会的重要稳定器，随着金融业的快速发展，经济已经呈现出金融化的发展趋势，金融活动已经渗透到人们的日常生产生活中。面对国民金融知识水平普遍偏低的现实及其可能引起的后果，一些国家政府积极制定提高国民金融素质的国家政策。随着金融在国民经济和社会生活中地位和作用的增强，对金融人才出现了更加广泛的需求，相应地，各高等学校举办金融类专业的热情越来越高，金融教育规模也越来越大。但与此相对应的一种社会现象是：社会和用人单位需要大批量金融人才，而金融类专业大学生出现就业难，似乎形成了结构性的矛盾，对此，我们进行了大量调研，初步的结论是：目前人才培养工作从过程、内容到方法都需要优化。

一、我国高等教育中金融类专业及人才培养情况的演变

如果仔细探究，我国金融类专业及人才的培养有 100 年左右的历史，现分析

① 基金项目：本文获得 2014 年度教育部人文社会科学研究专项任务项目（高校思想政治工作）"高职院校学生专业实践能力培养中的思想政治教育路径研究"（14JDSZ2046）的资助。

笔者感谢匿名评审人的宝贵意见，当然文责自负。

② 笔者简介：周建松（1962—），男，浙江海宁人，教授，浙江金融职业学院党委书记，全国高职教育研究会会长，全国金融职业教育教学指导委员会副主任，主要研究高职教育教学与学校管理。

介绍如下。

（一）金融教育与人才培养的萌芽

1904—1948 年的传播起步时期，旧中国开始传播西方货币银行学，金融专业人才培养工作亦开始萌芽。金融学作为一门独立的世界性的学科，最早形成于西方，叫"货币银行学"（如 1904 年 David Kinley 著的教材）。我国最早关于金融方面的著述，可能是谢霖与李徽合著的《银行制度论》与《银行经营论》。另据中国人民大学黄达教授研究，中国国内最早有关金融的教育始于 1923 年清华大学开设的《货币银行学讲座》。

（二）计划经济时期的金融专业教育与人才培养

1949—1974 年，我国国民经济管理处于计划经济时期，国家实行大财政小银行制度，银行纯粹上是作为财政出纳机构而存在，没有证券和资本市场，保险亦停办，国有银行亦处于垄断地位，中国人民银行一统天下，金融主要被作为计划经济调节和管理的工具。金融人才需求也不大，国家的高等教育亦实行计划管理模式，金融与银行业务几乎是同名词，银行业务主要就是存、贷、汇。因此，当时全国只有极少数学校开设金融或银行方面的专业，"文化大革命"后亦被停办。

（三）计划商品时期的金融活动及人才培养

1975 年，邓小平主持中央工作，经济工作得到加强，金融工作逐步重视，1978 年 2 月，邓小平提出，银行要抓经济，要成为发展经济、革新技术的杠杆。之后，中国人民银行从财政体系中独立出来，中国农业银行恢复，中国银行独立，中国工商银行设立，中国建设银行从财政体系中分设过来，中国人民银行专门行使中央银行职能，交通银行等综合性银行恢复或新设。金融活动开始扩大，金融人才需求增多，金融类院校纷纷设立，综合性大学亦开始设立金融专业。

（四）市场经济的建立与金融教育的大发展

1992 年，邓小平同志视察南方讲话，我国随即兴起市场经济讨论并最终确立社会主义市场经济体制。金融的作用前所未有地得到提高，金融活动日趋广泛，并不断与国际接轨，证券与资本市场大发展，保险市场方兴未艾，银行创新风潮迭起，各种新金融层出不穷。金融活动的广泛性及其与市场经济的深刻关联性对金融人才提出了大量需求，国家也大力发展高等教育金融学科建设，金融专业的门类也不断拓展，据了解，我国开设金融类专业教育的院校为 700 所左右，呈现出繁荣的大好局面。

二、客观评价我国金融教育及人才培养的现实情况

站在历史的时点上看，我国金融教育得到了极大发展，而站在现实视角看，我国金融教育也是喜忧参半。

（一）金融教育基本上满足了经济社会发展对金融人才的需求

从总体而言，改革开放特别是市场经济体制建立过程中，我国的金融教育较好地满足和适应了事业发展的要求。

——金融教育涵盖的范围不断拓宽。从主要局限于银行，发展到包含保险、证券、期货、金融衍生工具、金融工程及金融风险管理，从传统金融发展到国际金融和外汇经营管理等，适应了我国金融业发展的形势和要求。

——金融教育体系不断健全和完善。从传统的中专、大专、本科教育，发展到以本科教育为基础，硕士研究生教育和博士研究生教育十分齐全的学历教育体系，博士后流动站分布也相当广泛，金融专业（应用型）硕士点也不断增加，立体化多层次金融培训体系也不断健全。

——金融教育中的理论与实践结合度不断提高。各院校学习借鉴发达国家教育改革和创新经验，注重教学内容的优化调整，重视教育方法的改进，尤其是贯彻理论与实践相结合的原则，注重实践育人，教育效果和质量有了明显提高，较好地满足了用人单位和社会的要求。

（二）不可忽视的矛盾和问题

与此同时，我们也必须看到，当前，金融教育中也面临着诸多不容乐观的矛盾和问题，主要是：

——金融教育缺乏严格的准入机制。针对全社会的金融热，不少学校纷纷开设金融和金融类专业，有的学校自身学科门类和条件不具备开设金融专业的条件，有些学校师资等条件也不具备，但都在开设金融专业，致使金融专业不仅面广，而且规模过大，更何况质量得不到保证。

——职业化的金融教育少，而泛泛而谈的金融教育多。事实上，从金融人才需求看，我们需要的是大量的职业化的应用型人才，因此，行业办学或行业指导下的金融教育有其优势，它有利于更好地产教融合、理实一体，实现职业化教育和培养目标，而随着 2000 年行属院校管理体制调整，金融教育的地方化加强，而近年来因为金融热，金融教育大有遍地开花之势，但缺乏职业化是普遍情形。

——专业标准有待建立和规范。在 20 世纪，中国人民银行曾几度讨论金融、投资、保险、会计等专业教学大纲，以推动专业建设标准化；21 世纪初，教育部也给予了积极的重视。但随着高等教育大众化的推进，尤其是高等教育分类管理的推进，标准化的问题就显得软弱和无能了。虽然，这几年教育行政部门也在谈专业标准和教学标准，甚至在研究专业教学资源库，但成效却很不明显，大有金融专业到处设、大家办、自顾自足的味道。

（三）必须正视当前和未来的挑战

从当前和今后发展情况看，我国的金融教育也面临着十分严峻的挑战，主要表现在：

——互联网的挑战。近年来，我国新技术发展和运用迅猛，其中最为标志性的项目和成果是互联网被广泛运用，互联网对经济社会生活的各方面都将产生重大影响，尤其是教育，首先是金融教育。这就要求我国当前培养的金融人才不仅需要快速适应金融行业发展的新潮流，还需要学习比以前更多的专业知识，掌握更多的相关技能，唯有这样的复合型人才可以满足现代金融业发展的需要。

——互联网金融的迅速发展。与互联网发展相适应，互联网金融从 2013 年开始有了迅猛的发展，众筹、P2P、网络支付、电子货币等，不仅冲击了传统金融业务，而且重新定义了金融市场，改变着金融的业态。

——利率、汇率市场化的挑战。市场化改革是一个大的趋势，对我国传统金融业和相对集中垄断的管理模式是一个重大的挑战，尤其是对处于金融业绝对优势地位的银行业经营而言，挑战更是前所未有，学会用市场化的思维来经营金融活动，这也许是一件颠覆性的事情。

三、理性构建分层次金融人才培养体系

通过以上分析，我们认为，旧有的金融人才培养体系既存在我们所说的一

般性问题，即金融教育改革进程与市场发展步伐不同步，但更有我们在操作层面上的问题，必须系统加以改革。

（一）基本理念

金融教育模式改革的基本理念与出发点应该是：

——市场化理念。要按市场经济的运行规律和运行机制来研究金融问题，并据此研究金融人才的培养。

——专业化理念。金融是一种相对专门化的学问，有专门的理念，有专门的技术技能，也有专门的运行规律，需要我们用专门的思维加以研究并开展人才培养工作。

——职业化理念。金融是一门大学问，但大多数接受金融教育的学生都将从事具体工作，金融行业无论是银行，还是证券、保险许多岗位都带有明显职业针对性。因此，坚持职业化方向，着手培养学生的职业理想、职业纪律、职业责任、职业情怀、职业道德和职业技能很有意义，更十分必要。

（二）基本模式

我国的高等教育正面临着变革，也就是要解决同质化倾向明显和特色化不鲜明的问题。金融教育也是如此，当前的情况是，应用型教育的应用性不够，理论型教育的理论性不够强，我们认为，应该采取的办法是：

——重点建设一批培养从事金融理论与决策为主的人才培养基地。以我国目前的"985"高校为基础，以国家重点学科为基地，采用本硕连读的方式，并朝博士化方向着力培养具有国际视野、数理基础、分析预测能力的金融高层人才，为国家宏观调控部门、金融监管部门、公司战略部门提供后备人才。

——建设一大批应用型金融人才培养基地。现有大部分金融本科点，包括部分"211"大学的金融学院、地方大学的金融学院，在金融人才培养上应该以应用为主，强调以金融业务经营和管理工作为主，这类学生也应当重实践，注重理论和实践结合，其占金融人才总量的30%左右。

——建好一大批业务操作型金融人才培养基地。主要以新建的应用型本科学校、高职高专学校为基础，采用职业教育模式，重点培养职业化程度高、专业性强，具有较强操作技能和从事具体业务工作能力，胜任基层一线业务岗位的专门人才，这类人才需要60%以上。这类人才培养可采用专门学校的体制，学校也可由金融行业自己来创办。

（三）基本特征

金融是一个应用性特别强的专门学科，除了少数理论和分析拔尖专门人才之外，我们必须更多采用理论与实践结合、动手与动脑协调的应用型人才培养之路。要提高对金融知识的教育与宣传，通过普及金融教育，建立金融教育体系，增加教育渠道，创新教育方式来加强我国的金融教育。为此，我们应该有一些基本的培养机制作保证。

——校企合作。即金融应用型教育和人才培养应采用学校与金融企业合作的办法，学校依托行业、联络企业，建立校企合作基地，从而把人才需求、市场变化与金融教育与人才培养工作结合起来。

——双师团队。金融专业教育过程中的专业性、业务性、技能性课程，应采用学校专任老师和行业兼职相结合，共同组成专兼结合、双师结构的教学团队，发挥各自的特长，有效推进教育教学，努力提升教育教学和人才培养质量。

——学做一体。也就是说，金融专业人才在培养和教育过程中，必须遵循老师教做一体、学生学做一体，形成教学做一体化模式，从而真正实现理论与实践的结合。

四、金融应用型人才培养的典型案例分析——以浙江金融职业学院为例

浙江金融职业学院在几十年的办学实践过程中坚持紧密依托行业，充分利用校友资源，贯彻应用为重的原则，不断创新理念、更新观念，研究市场、适应市场，走出了一条又好又快的金融教育改革和应用型金融人才培养之路。学校毕业生顺利就业、对口就业、优质就业，提前落实就业，成才率高，学校被誉为"金融黄埔、行长摇篮"。我们的方法有以下几个。

（一）体制创新：校行企共建应用型金融人才研究院

学校于2000年根据市场和体制变化，创造性地构建了由中央银行、金融监管部门、金融业经营机构、教育行政主管部门、政府金融主管部门和学校教师及教育教学专家共同组成的校企合作理事会。在此基础上，组建了应用型人才培养研究院，研究院经常开展人才培养和人才需求情况调研分析，提出内容、方法等方面改进意见，较好地适应了金融业快速发展时期、金融人才培养工作

的持续跟进问题。

（二）机制创新：设立专门的人才培养机构（银领学院）

学校全面开展订单式人才培养，在大面积订单培养的基础上，学校组建了专门的人才培养机构——银领学院，银领学院按六句话理念建机制、设体制，这六句话是"以培养订单为始点，以开放办学为前提，以校企合作为载体，以工学结合为路径，以双师团队为依托，以优质银领为目标"；确立"三个90%"目标导向，即"用人单位的优质需求必须满足90%以上，进入订单培养的学生必须有90%以上的到岗率，学生到岗后用人单位的满意率要达到90%以上"。银领学院采用双重身份，双班主任管理，双师执教的办法，较好地提高了人才培养的适应性、针对性和有效性；双重身份即"既是准员工、也是学生"；双班主任即"学校和行业企业各有一个班主任"；双师即"学校教师和行业企业骨干兼职任教"。

（三）载体创新：探索建立"六合一"专业教学指导委员会

所谓的"六合一"的专业指导委员会是指"建立一个专业（群）指导委员会，同时建设一批学生实践实习基地，形成一批校外（行业）兼课教师，共建一批教师调研基地，争取形成一批教师社会服务基地，培养一批毕业生就业基地"；"六合一"专业教育教学指导委员会的建立，成为开放合作办学的基础结构，实践已证明成效很好。

（四）保障创新：积极构建与应用型金融人才培养协调之路

一是充分发挥校友作用。利用校友建基地，选择校友做兼职教师，聘请校友作为专业建设和学校发展指导委员会成员。

二是不断探索与行业有效结合之路。学校通过战略合作、聘请高层做顾问、聘请兼职教师、订单培养等途径，始终保持与行业频繁和密切往来，保持友好关系。如聘请中央银行管理骨干担任宏观金融理论与分析兼职教学团队，银监局管理干部担任金融监管理论与政策兼职教学团队，起到了很好的教学效果。

三是建设一批实践教学基地。学校积极推出和实施校企合作"千花盛开工程"，主动争取与金融行业和企业的沟通与理解，建立定期调研和走访工作机制，较好地实现了与金融行业和社会的互动，建设了一批紧密型、示范型教学实践和就业基地，推动了人才培养和各项工作的较好开展。

参考文献：

［1］刘伟，王晓珊．大学生金融教育问题探究［J］．长春师范大学学报（自然科学版），2014（8）：126 – 148.

［2］俞达，刘墨海．金融素质教育的国际经验［J］．中国金融，2014（5）：58 – 59.

［3］孙方娇．科技与金融结合背景下金融教学改革与人才培养［J］．上海金融，2013（8）：113 – 114.

［4］林文玲．试论金融教育与金融业的可持续发展［J］．财经界，2014（10）：9.

高校期货类专业人才培养模式与
创新发展研究

山东师范大学　李佳

摘要：对于我国而言，期货业是一个新兴行业，促进期货业的发展有利于我国形成一个适应"新常态"的金融体系。当前，我国高校期货类人才的培养才刚刚起步，随着期货市场迅速发展，高校期货类专业本科教育有很大的发展空间。为此，我们应该构建一个清晰的关于高校期货类专业人才培养模式，并结合主干基础课程、专业课程和案例课程三个方面搭建高校期货类专业的课程体系，并以"理论联系实际"的原则进行期货实验室的建设。在专业的创新发展上，一方面应注重实验课程体系的创新，每一个实验课程必须有一系列的理论课程为支撑；另一方面应基于数学类模块、基础类模块、专业类模块以及案例类模块实现教材体系创新。

关键词：期货　培养模式　创新

一、引言

国务院总理李克强在 2015 年《政府工作报告》中明确指出要"发展金融衍生品市场"，这充分体现了政府部门对金融衍生品市场发展的重视，表明我国金融衍生品市场已迎来历史性发展机遇。随着我国金融改革的不断深入，期货及衍生品的价格发现和规避风险等功能日益受到学术界与实务界的关注。作为一个新兴业态，我国期货市场近年来发展迅速，然而高校期货类人才的培养却刚刚起步。据统计，全国仅有 34 所财经类院校的经济类专业开设了期货与衍生工具相关课程，可见期货类专业人才的供给还不充分。从"新常态"下的经济发展需求来看，金融期货类专业教育的改革与发展，是弥补当前财经类专业人才"供给"与经济发展"需求"失衡的重要手段，并且"新常态"背景下的产业结构转型升级也需要高层次的金融期货人才相匹配。从高等院校自身发展情况来看，随着经济全球化及金融自由化步伐的不断加快，高等财经类院校和金融期货类专业本科教育有着更大的发展空间。为此，山东师范大学也在现有金融学专业下开设了期货与衍生品方向，同时设立了"期货与衍生品研究基地"，并正在探索高校期货类专业人才的培养模式和未来期货专业的创新发展进路。在教学实践的基础上，本文旨在对当前高校金融期货类专业的人才培养模式与创新发展进行探讨，为期货类专业的建设发展提供新的理论与实践思路，并力求为期货类人才"供给"与"需求"失衡等问题提供解决方案。

二、国内外研究现状评述

20 世纪 70 年代，为了规避金融管制，衍生金融工具在美国市场初露端倪（Zapatero，1998）。随着金融自由化不断深入，各种衍生工具层出不穷，这不仅打破了传统融资中介和金融市场的界限，还促使了对冲基金、养老基金及私人股权公司等新型市场机构的出现。Finnerty（1993）对衍生工具功能进行了系统梳理，比如降低交易成本、规避征税与监管、风险重配、增加流动性以及优化配置效率等。可见，衍生工具创新确实有助于优化金融结构、完善货币政策机制及化解金融风险，并有利于我国构建一个适应"新常态"的金融体系，因此关于期货等衍生工具高层次人才培养就显得极其重要（成思危，2014；刘志超，2014）。

如何提高期货专业的教学质量已是当前理论界、实务界、教育界关心的焦点，关于期货类人才培养模式及专业设置创新等问题的探讨也成为当前期货教育改革研究的重要问题。

（一）关于期货类人才培养模式方面的研究

专业人才培养模式是高等教育相关专业实现教育价值的重要途径。对于期货方向而言，人才培养模式主要包括专业方向培养定位、实验室建设、校外人才培养基地建设等方面。从西方国家经验来看，期货方面的人才培养隶属于金融工程和衍生金融工具等相关专业（Marshall，1992）。当前，我国期货专业人才培养模式存在财经类专业的通病，比如培养目标缺乏灵活性、专业口径设置过于具体化、基础知识薄弱、知识结构设置的专业性过强等问题（王艳，2005）。为此多数学者提出了优化期货专业人才培养模式的建议，如朱晋（2010）认为可以考虑构建课内外相结合的人才培养模式，使学生在持续学习中保持对学科的高度兴趣；曹胜（2012）认为首先应加强期货专业师资力量的行业经验，同时注重期货专业的行业背景，强化学校教学与期货行业的联系；韩朝东（2012）认为应构建开放式的教学模式，并反对当前通过模拟操作成绩的高低来评判学生学习成绩的方式；张慎峰（2014）认为可以通过交易所、中期协、高等院校以及期货公司等的多方合作，构建多元化的人才培育网络。可见，"理论与实践相结合"是当前各个行业关于期货专业人才培养模式改革的主流观点，当然也有学者持反对意见，如李强（2012）不建议本科教学设置过多的实践课程，应重视基础类和专业类课程，同时课程的设置要注重"厚、精、简"。此外，蒋涛和郭剑光（2012）还认为期货类专业的设置应顺应时代变迁，要着眼于国际化，注重平台的搭建。

（二）关于期货类专业教学方法方面的研究

在财经类专业中，课堂教学是传达信息和表达信息的重要途径（Taylor and Richards，1979），期货类专业课堂教学也要遵循相同的逻辑。目前关于期货方向的教学方法也存在种种问题，如黄贤炎（2014）认为当前高校期货类专业缺乏具有实践经验的教师，教学模式也较为落后，难以提升学生学习的积极性，为此他认为应加强双师型师资的引进力度。其他学者分别从多角度提出改进期货类专业教学方法的建议，如张福双和郭强（2009）提出讨论法、读书指导法、演示法、参观法、练习法及实践法等期货教学方法，并在考核中综合采用答题法、报告法和答辩法等方法；丁楠（2010）认为利用计算机和网络进行辅助教学，可以提高课堂教学的效率，并通过金融行情软件的实时分析来提高学生的学习兴趣，由此推进期货专业教学质量的提高。在具体教学方面，她认为应强化案例教学，注重开展课堂讨论；袁小文（2010）认为当前期货专业课堂教学的问题在于"理论与现实脱节"，为此课堂教学应强化对期货行业内容的阐述，这样使学生在毕业后更能适应期货公司的业务要求，并且系统的理论知识又能和期货公司的业务实践形成互补；米文通（2010）认为鉴于风险意识在期货交易中的重要性，在课堂教学中应注重培养学生正确良好的风险意识，使学生拥有正确的风险观念；卢瑜（2011）认为由于期货专业较强的实践性，应充分利用网络技术，注重通过实验课进行模拟实战，在理论学习的基础上提高学生的基本技能。

（三）关于期货类专业课程设置方面的研究

国外学者最早关于衍生工具课程的研究是与金融工程学科结合在一起的。

Finnerty（1988）认为期货和期权等衍生工具是金融工程课程的主要组成部分；Marshall（1992）《金融工程》教材的出版，不仅使金融工程学正式成为一门新兴金融学科，更推动了衍生金融工具等课程的发展；Galitz（1994）的著作《金融工程学——管理金融风险的工具和技巧》，从风险管理角度详细讨论了衍生金融工具在金融课程体系中的重要性；John C. Hull《期权、期货与其他衍生产品》一书的出版，更是将衍生金融工具课程的建设达到一个新高度，该书也被誉为华尔街人手一册的"圣经"，成为全球高等学校衍生金融工具课程的畅销教材。对于高等教育而言，课程设置是专业人才培养的重要环节，据统计，我国当前的 34 所财经类院校中，期货课程的开设比例较小（李汉国，2014）。同时他还认为当前期货课程设置还存在种种问题，比如课程设置不合理、缺乏特性以及教学渠道单一等。在课程设置方面，朱晋（2010）认为期货专业的教材和课程设置必须实现分层次匹配，要针对不同层次的学生开设不同内容的课程，在基础课、专业课和选修课等方面均应有所区别；卢瑜（2011）认为在本科三年级之前的课程要配合期货从业资格考试的辅导，通过课程学习帮助学生顺利通过此类考试，为今后进入期货业拿下敲门砖；刘宏（2012）认为本科的前两年半时间应注重经济学、经济计量学、金融学和期货及衍生品等理论课、专业课和专业基础课的学习；黄贤炎（2014）认为随着期货知识的不断扩容，在课程和教材设置上应注重行业发展动态，要及时将新知识和新变化融入到课程和教材当中。

（四）关于国内外期货类专业培养模式的对比研究

由于国外金融专业学科设置主要集中于微观金融与衍生金融工具等领域，因此基于金融工程专业的对比，也能大致区分国内外期货专业培养模式的异同。刘磊等（2011）通过对比国内外金融工程专业的教学差异，认为我国金融工程专业培养模式设置应注重自身特点，制订具有特色化的培养方案，以适应现代金融业的发展需要；张元萍和温博慧（2011）梳理了国内外院校关于金融工程专业的培养方案，认为联合培养、课堂教学与试验、实践教学结合、团队学习以及金融工程基础研究等专业人才培养思路，应是我国金融工程专业改进的方向；王琦（2011）对中外金融工程专业的课程设置和教学模式进行了对比，认为课程设置应综合考虑社会需求、知识结构和学生的接受能力，并强调理论与实践相结合的教育理念，同时注重培养学生的科研能力；谢文璐和牛淑珍（2013）以我国上海地区金融工程专业发展模式为基础，与英国和加拿大等国家金融专业发展情况进行了对比，发现国外大学金融专业在培养目标上各有侧重，即注重理论知识的学习，也注重与国际化、现代化的金融背景相结合，同时也重视学生实践能力的培养，这些也是我国高校相关专业人才培养模式中需要强化的方面。

（五）研究述评

通过对国内外研究现状的梳理发现，当前关于期货类人才培养模式及专业设置方面的研究，大体包括如下四种观点：第一，培养模式的设置逐渐注重"理论与实践相结合"，同时强调高等院校、期货交易所以及期货公司的联系，重视开放式培养方式；第二，专业设置注重时代变迁；第三，采用综合化教学方法，注重案例教学和实验教学；第四，课程设置要重视实践课程的建设与完善，注重课程体系和学生层次的匹配性，同时课程和教材要顺应行业发展动态，并能够服务于专业化考试。但是相关研究也存在若干不足，如研究的层次性有待提高，研究视角过于单一和狭隘，提出的改革方案对期货专业的整体设计与未来发展缺乏系统设计和整体规划。

三、高校期货类专业人才培养模式构建的分析

通过文献梳理，我们发现当前高校金融期货类专业的人才培养模式存在种种问题，比如专业培养目标不清晰及缺乏灵活性、专业口径的设置过于具体化、专业课程的设置不够系统、培养方案缺乏"理论联系实际"等方面，为此在本部分内容中，我们将详细讨论高校期货类专业人才培养模式，力求构建一个系统的期货类专业人才培养模式框架。

（一）关于高校期货类专业人才培养模式的整体方案设计

当前，我国期货行业发展的基本特点是理论研究过于滞后于实践探索，高水平的期货类理论人才极其匮乏，仅有的理论研究与实践结合不够紧密，大部分行业精英集中在期货实践领域。为此，我们认为，期货类专业人才培养的总体思路应是整合校、企、研、行业协会的力量，逐步建立学习力量与社会力量优势互补的培养模式（见图1）。在该培养模式中，对于教学形式，我们认为可以采取"2.5年+1.5年"的学习实践模式，即前2.5年主干课程的学习主要以学校课堂学习为主，主要学习经济学和金融学等专业基础课程，关于成绩的考核采取资格证与课程考核相挂钩的方式，也就是说要求学生在这一阶段要取得

相应的证券、期货从业资格证书，以及投资、理财等相对层次较高的资格证书。后1.5年的课程既包括部分主干课程，也包括所有的专业课程，学习方式采取课程学习和社会实践相结合的方式，在这段时间要加强学生对市场的了解，对宏观经济趋势的把握，要强化学生关于实战能力的培训。在基于上述教学模式的基础上，相应的培养模式也可以分为两类：一类是仍然以学校培养为主，辅之实践的模式，人才培养的方向可以细分为交易型、分析性、市场型与管理型，可以根据学生的基础条件、自身发展需求以及未来的行业需求等方面进行细分培养。另一类是公司定制型，根据对口期货交易所、期货公司的人才需求，制定专业的培养方案，由学校和公司共同完成期货类人才的专业培养，当然这里的期货公司或期货交易所必须给予相应的实践协助，以提高学生的行业能力。

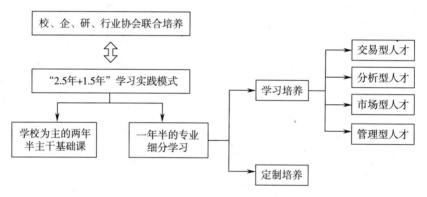

图1　高校期货类专业人才培养模式整体思路

（二）关于高校期货类专业课程体系建设方案

在课程体系建设方面，我们认为可以考虑采取所谓的"2 + 2 + 1.5"模式，即两年主干基础课程的学习，加上两年专业课程的学习，再配套一年半的案例教学（案例教学可以考虑从本科学习第三年，也就是大三开始），其中，两年专业课程的学习，可以考虑根据上述不同的培养类型再进行细分，增强人才培养的针对性，当然案例教学也可以根据培养类型进行再次分类。整个课程体系要注重高质量以及期货类专业的特色，要重视对学生能力的培养，尤其是逻辑分析能力、定量分析能力、综合运用能力以及创造能力，在课程教学的每一环节均始终贯穿"能力培养"这一主线。

第一，对于主干课程的设置，要首先注重强化对学生数理能力的培养，所开课程的难度要高于普通的经济金融类专业，如数学分析、高等代数与应用概率统计，这些课程均属于数学专业的基础课程，尤其是应用概率统计，要注重与相关经济金融类案例的结合。对于其他主干类课程，在强化宏微观经济学和计量经济学教学的基础上，建议开设动态经济学、随机过程与时间序列分析，前者是进行金融领域高层次科研的必修课程，后者是对证券期货市场数据进行数理分析的方法性课程，兼具理论性和实践性。

第二，对于专业课程的设置，首先，为了保证与普通金融学专业的接轨，货币金融学、国际金融学、商业银行经营管理、证券投资学等课程也应作为期货类专业的专业基础课程。其次，根据期货及衍生工具等研究方向注重微观金融研究的特色，在设置证券投资学、投资银行学与证券投资分析等传统微观金融类课程的基础上，考虑设置一系列与资本市场、期货市场等行业结合的课程，如期货市场基础、期货及衍生品、期货法律法规以及金融工程等课程。最后，为了体现期货市场的理论性与技术性，使学生既掌握现代证券期货理论基础，又熟悉证券期货的分析技术和方法，在专业课程体系里还需开设投资学、期货及金融风险管理、公司理财等，并且为了体现专业方向的前沿性，行为金融学、固定收益证券、期货品种开发与研究等课程也应成为专业课程中必须开设的部分。专业课程的设置应使学生能够熟练运用现代证券期货理论和分析工具，创造性地解决证券期货领域内的新问题。

第三，对于案例课程的设置，必须注重期货行业的实务性，让学生能够充分了解行业特性及运作规律。一方面，学生应能充分了解期货市场所处的宏观经济和资本市场环境，因此需要开设宏观经济发展趋势专题、资本市场发展专题以及资本运作案例等课程；另一方面，学生应具体了解和熟悉期货市场的运作特点，为此需要开设证券与期货法规案例分析、衍生金融工具市场案例分析等课程。此外，为了保证学生有一定的实战经验，并更加充分地对市场趋势进行把握，还需要开设证券期货模拟交易等案例课程，该课程也是期货专业实验类课程的重要组成部分。

表 1　　　　　　　　　　**高校期货类专业课程体系建设方案**

"2+2" 课程体系建设方案		
主干基础课程	专业课程	案例课程
经济管理数学分析、高等代数、应用概率统计、统计学、微观经济学、宏观经济学、计量经济学、动态经济学、随机过程与时间序列分析、会计学、财务管理等	货币金融学、国际金融市场、商业银行经营与管理、证券投资学、投资银行学、证券投资分析、金融工程学、行为金融学、期货市场基础、期货及衍生品、投资学、固定收益证券、公司理财、期货及金融风险管理、期货法律法规、期货品种开发与研究	宏观经济发展趋势专题、资本市场发展专题、资本运作案例、证券与期货法规案例分析、衍生金融工具市场案例分析、证券期货模拟交易

整体来看，高校期货类专业课程体系建设必须要遵循三个方面的要求：一是注重数理分析能力的培养，尤其是在当前"量化投资"迅速发展的背景下，重视对学生数理推导能力的培养；二是注重前沿意识的培养，鉴于全球期货及衍生品市场的庞大规模，我国未来衍生金融工具市场必将呈现出膨胀式发展趋势，各种新品种、新制度、新理念也将层出不穷，为此应注重对学生国际化和前沿化意识的培养；三是注重理论联系实际与交叉融合，不仅要注重培养学生的实践能力，更要注重培养学生分析问题的视野、方法和范式，提高学生解决问题的能力。

（三）关于高校期货类专业实验室建设的分析

期货类人才的培养离不开实训，因此，实验室的建设和功能开发是期货类人才培养的重要内容。在期货专业教学中，要结合前面所谈论课程体系建设中的案例课程，将有关业务和案例引入实验室或实践环节，从大量的实际业务中选择典型的业务和案例作为实践内容，在校内实验室环境下完成专业实践。该模式可以使学生在模拟的环境中进行相对真实的训练，让学生通过实战操作就能掌握期货投资或交易的基本技能，实现对期货类专业学生理论与实践能力的全面培养。与此同时，在实验室的建设过程中，应逐步建立包含模拟交易区、实盘交易区、结算与交割区、数据收集处理区、产品和策略设计区、客户服务区在内的各实验区。在后两年的专业课教学中，期货市场基础、投资学、期货及金融风险管理、期货品种开发与研究等课程中，三分之一的课程应设置成实验课，并且要与期货公司合作，让学生开设虚拟账户，指导学生进行实战训练。此外，要加大期货实验室功能的开发力度，改变目前多数财经类院校金融实验室利用率不高的现状。

总之，关于高校期货类专业人才培养模式的构建，在整体方案框架逐步清晰的背景下，要基于"理论联系实际"的基本原则，注重课程体系与实验室建设。在课程体系与实验室的建设过程中，要重视与期货公司、期货行业协会、期货交易所以及期货研究机构的配合或合作，在构建扎实理论功底的基础上，注重学生实践能力、操作能力、分析能力以及推理能力的培养，这其实也是强化学生对宏观经济以及期货市场的了解程度。

四、高校期货类专业创新发展的探讨

实验课程体系和教材体系应是我国期货类专业创新发展的重要方向。

（一）高校期货类专业实验课程体系的创新

从期货类专业人才培养模式来看，实验课程的知识结构主要涉及三个层面，即理论层面、技术层面及专业层面，对于每个层面，我们可以设置不同的实验内容、目的和类型（见表2）。

表2　　　　　　　期货类专业实验课程知识结构所涉及的三个层面

知识结构	实验层次	实验目的	实验类型
理论素质	基本素质实验	掌握实验的基本操作方法和技能，正确使用相关实验软件，掌握基本数据处理方法	操作性 验证性
技术基础	技术基础实验	整合学科知识，综合运用各种实验方法，培养综合实验能力和科学思维能力	设计性 综合性
专业技能	专业技能实验	由学生自主设计或结合科研项目自主实验，培养学生综合分析与创新能力	研究性 创新性

根据上述三个层面侧重点的不同，可以培养出不同层次的期货类专业人才，这不仅能够迎合期货行业需求的多样化，还能够与前面所讨论的期货类专业人才培养模式实现匹配。在对期货类专业实验课程知识结构进行清晰界定的基础上，具体实验课程的设置或创新必须与相应的理论课程进行对接（见图2）。对

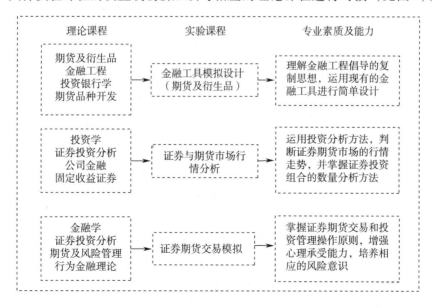

图2　高校期货类专业实验课程体系架构创新

于期货类专业实验课程的创新，我们认为应从期货及衍生品模拟设计、证券与期货市场行情分析以及证券期货模拟交易三个方向来进行，每一个实验课程必须有一系列的理论课程为支撑，比如期货及衍生品的模拟设计必须基于期货及衍生品、金融工程、投资银行学以及期货品种开发等理论课程。

　　（二）高校期货类专业教材建设创新

　　专业教材是教学理念和思想传播的重要载体，也是人才培养模式、课程建设及改革的核心环节。我们认为高校期货类专业教材创新应从四个方面展开，即金融期货数学类模块、金融期货基础类模块、金融期货专业类模块以及金融期货案例类模块。高等综合类院校（包括一些师范类院校）可以发挥自身学科门类齐全的优势进行教材建设，比如像期货类专业可以设在经济学院，或金融学院等，但像金融期货数学类模块教材的建设及创新，可以与本校数学学院或计算机学院等联合进行建设，在建设的过程中也有利于教学科研团队的形成。而专业财经类院校在基础类模块和专业类模块，以及案例类模块的教材建设及创新拥有优势，但在数学类模块的教材建设中存在不足，这时就可以考虑与所在地的综合性院校进行合作，构建一种跨校或者联合的教学科研团队，促使教材建设或创新的推进。此外，值得一提的是，期货案例类模块教材的建设，可以考虑与期货公司、期货交易所合作，精选一些典型的案例，这应该是期货类专业教材创新的一个亮点。

五、结束语

　　对于我国而言，期货业毕竟是一个新兴行业，在经济逐渐进入下行期的情况下，促进期货业的发展，对构建多层次金融市场，并形成一个能够适应"新常态"的金融体系具有重要意义。为此，在当前期货业迅速发展的背景下，本文旨在探讨高校期货类专业的人才培养模式及发展创新等问题，为解决期货类专业人才"供给"与行业"需求"不匹配提供相关解决方案。高校期货类专业人才培养模式的构建、课程体系的构建及设置、实验室的建设及实验课程的创新，除了应该考虑现代期货业的发展及相关行业需求外，还必须要考虑每个学校自身的研究领域及科研优势，学科的建设与发展一定要与科研形成良性互动。众所周知，金融期货类专业涉及的分支较多，比如金融数学、宏微观经济学、概率论与数理统计、货币金融、资本市场、风险管理、金融工程等方面，每个高等院校期货专业在进行人才培养模式构建与课程设置时，如果单纯依靠期货专业所隶属的学院，不仅有困难，而且也不现实，因此必须依托自身的优势学科与科研平台，或者进行跨校合作，资源共享，实现期货专业的创新式发展。总之，高校期货类专业的构建及发展，是金融学专业领域细化的一个结果，对完善金融学专业的人才培养功能具有重要的实践意义，同时也有利于为我国金融业改革与发展提供多元化的专业人才。

参考文献：

［1］丁楠. 对期货课程教学的几点思考［J］. 中国农业银行武汉培训学院学报，2010（1）：71 – 73.

［2］黄贤炎. 面向应用型本科期货投资课程教学改革［J］. 时代金融，2014（12）：166 – 168.

［3］洛伦兹·格里茨. 金融工程学：管理金融风险的工具和技巧［M］. 北京：经济科学出版社，1998.

［4］米文通. 谈期货教学中风险意识的培养［J］. 中国农业银行武汉培训学院学报，2010（6）：56 – 57.

［5］王小翠. 互联网金融背景下的金融教学创新［J］. 中外企业家，2014（16）：231.

［6］约翰·赫尔，王勇，索吾林译. 期权、期货及其他衍生产品［M］. 北京：机械工业出版社，2014.

［7］约翰·马歇尔，维普尔·班塞尔著，宋逢明等译. 金融工程［M］. 北京：清华大学，1998.

［8］张福双，郭强. 关于民办高校期货课程教学改革的几点思考［J］. 吉林省教育学院学报，2009（10）：139 – 140.

［9］张慎峰. 金融期货市场发展展望［J］. 中国金融，2014（10）：11 – 15.

［10］张元萍，温博慧. 金融工程专业人才培养模式探讨［J］. 教育教学论坛，2011（31）：187 – 188.

［11］朱晋. 办学特色、地方经济与期货学教学［J］. 浙江工商大学学报，2010（02）：90 – 92.

［12］Finnerty, J. D. An Overview of corporation securities innovation［J］.

Journal of Applied Corporate Finance，1993 （4）：23 – 39.

[13] F. Zapatero. Effects of Financial Innovations on Market Volatility When Beliefs are Heterogeneous [J] . Journal of Economic Dynamics and Control，1998 （22）：597 – 626.

现代金融市场发展的新趋势
及其对金融人才的要求[①]

上海对外经贸大学　吴婷婷　傅连康[②]

摘要：在金融一体化、全球化程度不断提升的今天，现代金融市场出现五大新的发展趋势：其一，金融市场呈现出"四大块"的市场划分；其二，资本市场和货币市场边界日益模糊化；其三，固定收益证券市场出现"不再基于债券，而是基于非债券"的发展趋势；其四，"证券化"正在被"基金化"所取代；其五，金融衍生品交易品种、交易主体的拓展化。现代金融市场的快速变革与发展，客观上要求财经院校为市场大规模地输送在金融市场上具备独立分析决策能力、判断能力、风险管理能力以及与国际同业有效沟通等多重专业能力与职业素养的高端金融人才。这对金融人才从"知识""能力"与"素质"三大方面，提出了高标准的要求。

关键词：金融市场　金融人才　知识结构　专业能力　职业素养

一、引言

加入世贸组织以来，我国金融国际化进程不断提速，这从客观上对我国金融高等教育和金融学科的建设提出了新的要求，即金融高等教育要为一国经济发展提供重要的智力支撑，要具备更为广阔的国际视野。2007 年美国次贷危机引发的全球金融风暴和随后相继爆发的欧债危机，让世界清楚地意识到：在金融全球化的今天，应对金融危机愈发需要全球视角。接踵而至的系列金融危机不得不让金融学教育工作者反思：我国的"金融意识"与"金融教育"是否存

————————
①　上海市教委高校示范性全英语课程《国际金融管理》建设项目（2015—2018 年）；上海市哲学社会科学规划课题（2013BJB013）；上海市教委科研创新重点项目（13ZS123）。
②　吴婷婷（1981—），金融学博士，上海对外经贸大学金融管理学院副教授。研究方向：国际金融理论与实践；傅连康（1957—），金融学硕士，上海对外经贸大学金融管理学院金融系主任，副教授。研究方向：金融理论与实践。

在不足？要在未来世界大国之间的金融博弈中拥有话语权，我国需要怎样的金融人才？现代金融市场的急速变革，对金融人才提出了哪些知识、素质与能力的要求？如何才能在后金融危机时代，通过教学模式的改革和课程体系设置的创新设计，进一步地为中国国际金融中心的建设培养拔尖创新人才，储备高端金融人才库？

基于对这些问题的思考，本文立足于现代金融市场变革的实际，着重探讨后金融危机时代金融人才的评价标准，以期为高等财经院校改进现行金融教育理念，修正金融学专业人才培养模式提供思路。这对于大到促进金融学科发展与专业建设，中到完善金融人才培养目标定位与优化课程体系设置，小到助推金融专业课的教学模式改革与教学方法创新，都具有重要的现实意义。

二、现代金融市场的变化：趋势与特征

传统的金融市场主要以货币市场和资本市场两种提法来划分市场类型，然而，随着现代金融市场的蓬勃发展，多元化的新型子金融市场的悄然崛起，使得这种提法已不能全面地涵盖现代金融市场的特征和分类。资本市场（Capital Market）这种提法在西方文献中出现的频率越来越低，取而代之的使用更频繁的是分类的提法，即债券市场（Bond Market）和权益市场（Equity Market）。而在金融一体化、全球化程度不断提升的今天，金融市场的发展有了新的趋势，并呈现出以下五个突出的特征。

（一）现代金融市场呈现出"四大块"的市场划分

现代金融市场中货币市场不再拥有在传统金融市场中的主导地位，多元化的子金融市场正如雨后春笋般迅速诞生、发展和壮大。现代金融市场由原来的货币市场和资本市场（包含债券市场和股票市场两个子市场）两大类的划分方式，逐步区分为货币市场、内部权益市场、外部权益市场和固定收益证券市场这"四大块"。其中，内部权益市场近年来异军突起，发展十分迅猛。

（二）资本市场和货币市场边界模糊化

货币市场与资本市场的关系，不再是传统的按资金期限来划分子市场类型的问题，实质上是银行的信贷资金与资本市场权益资金和债权资金之间的关系问题。随着，近年来，金融机构之间互相涉足业务的金融活动日益频繁（如银

行涉足租赁业、证券业；信托涉足保险业、证券业；保险涉足证券业等），混业经营趋势日益显现。然而，由于资本逐利性的驱动，货币市场上的资金往往通过多种渠道流入资本市场，资本市场上的资金也能通过系列途径返流回货币市场。而近年来，金融自由化程度的提升，使得这种渠道更加多元化，资本市场与货币市场之间的边界日趋模糊化，两个市场的交融与联动程度日益提升。

（三）固定收益证券市场呈现出"不再基于债券，而是基于非债券"的发展趋势

固定收益证券是指一种持券人可以在既定的时间内取得既定数量的收益的债务性证券。传统的固定收益证券市场，是指包含国债、金融债券、央行票据、公司债券、企业债券等债务凭证在内的，立足于债券发展的一类金融市场。而随着现代金融市场的超规模发展，如今的固定收益证券不再简单基于传统债券，更多的是立足于诸如混合融资证券、结构化产品（如各类资产证券化产品）这类非债券的发展。

（四）"证券化"正在被"基金化"所取代

在世界金融业的运作模式由分业经营转变混业经营的过程中，发达国家的金融结构经历了从中介化到市场化、证券化的深刻变化。金融业从以银行为主导，变为以资本市场为主导，再到金融市场"证券化"趋势的形成，金融业呈现出脱媒"现象，"证券化"大行其道，"虚拟化"程度空前提升——可转换公司债券、银行信贷资产证券化产品、住房抵押贷款证券化产品、企业资产证券化产品、银行不良资产证券化产品等各类"证券化"新金融工具品种的出现，极大地丰富了资本市场的交易品种。然而，正当"证券化"方兴未艾之时，"基金化"已悄然兴起（例如，信托产品的类基金化已成为未来一段时期内信托业的新发展趋势），并以大踏步的速度快速发展，大有取代"证券化"之势。

（五）金融衍生品交易品种、交易主体的拓展化

一直以来，金融衍生品市场在中国的发展远远滞后于发达国家。然而，自2005年以来，各种金融衍生品推出速度之快，发展规模之大——2005年5月债券远期交易推出之后，又陆续于2006年推出股票权证；于2007年8月推出人民币/外汇货币掉期交易（覆盖人民币对美元、欧元、日元、港币、英镑五种外币币别）；2007年9月又推出了远期利率协议的业务；2010年4月股指期货的诞

生，金融期货重新登上了中国金融衍生品市场的舞台；2010 年下半年推出了具有"中国特色"的信用违约互换产品，实现了我国信用衍生产品从无到有的重大突破。目前上交所又在积极筹备备兑权证。到目前为止，金融衍生品的四种基本形态——远期、期货、期权和掉期在我国均得到了不同程度的发展。其中，权证成为规模最大的金融衍生品市场。另一方面，从衍生品市场交易的主体来看，不仅国内金融机构和其他投资者在衍生品市场中活跃，随着金融市场逐渐全面对外开放，截至 2014 年年底已有百余家外资银行及其分支机构获得全面经营金融衍生品业务的牌照。总体而言，中国金融衍生品市场的交易品种和交易主体在近年来得到了空前的拓展，金融衍生产品的多元化创新把人类的金融智慧发挥到了极限。

三、现代金融市场的变革对金融人才的要求

在后金融危机时代，中国建设国际金融中心的进程和人民币国际化进程双双提速，资本账户开放也再度提上议事日程。在这一背景下，中国金融业将面临巨大的机遇和挑战，金融人才市场"供不应求"现象凸显。然而，一方面是对金融人才的需求旺盛，另一方面却是金融学毕业生就业难。这一困境的主要诱因是，目前金融市场处于飞速发展、变革的时代，加之对外开放程度的加速提升，使得金融业对金融人才的需求出现了高端化的趋势。金融市场需要大规模的金融人才供给，但需要的不是一般的事务性从业人员，而是具备对金融市场的独立分析决策能力、判断能力、风险管理能力以及与国际同业有效沟通等多重专业与国际能力的高端金融人才。总体而言，现代金融市场稳健、持续性的发展，对金融人才从"知识""素质"与"能力"三大方面，均提出了较高标准的要求。

（一）全面合理的知识结构

金融是现代经济的核心，渗透到国民经济的方方面面。随着中国金融国际化程度的日益提升和金融业的进一步对外开放，新型金融市场蓬勃发展，金融产品层出不穷。现代金融市场对金融人才提出了新的要求：金融人才不能就金融学金融，就金融论金融，不能局限于传统银行业务的"小金融"，其知识覆盖面要扩充到涵盖银行、证券、基金、信托、租赁、保险等各类子金融行业的"大金融"。然而，仅具备"大金融"的知识结构，精通金融理论知识，仍不足

以适应对内、对外开放的金融市场日新月异的变化。要想应对这些动态变化，还应具备贸易、财务、会计、法律、管理、统计等与金融密切相关的其他专业知识，同时须具备适应市场变化的三大可持续性发展的通用知识与能力：一是计算网络知识与应用能力，能娴熟使用 OFFICE 办公软件、信息分析工具和网络搜索引擎，以便具有迅速从网络上搜集信息、整合信息、获取新知的更新自我知识结构的学习能力，熟悉金融信息化的发展前沿；二是外语知识与能力，在日常沟通用语无障碍的基础上，能熟练进行财经类专业外语的书面与口头表达，以便快速地从外文网站、国际研讨会上获得最新的国际金融资讯与金融业的前沿发展动态；三是统计、计量知识与数理分析能力，掌握多元化的计量分析方法与相应的统计软件，乃至编程语言的运用以及专业信息技术的开发与维护，具备对数据的处理、分析以及从数据中提炼有用信息的能力。

综上所述，现代金融市场更多需求的不是单一的金融专才，而是兼具"经、管、法等交叉学科专业知识 + 计算机网络知识与应用能力 + 数理知识与计量分析方法 + 外语能力"的高层次复合型人才。

（二）卓越的沟通与专业能力

1. 国际沟通能力

金融服务无国界。随着金融一体化进程的加快，中国金融业对外开放程度空前提升，高端的应用型金融人才应具备良好的国际沟通能力，才能适应跨国金融机构全球运营的需求，才能设计出适合具有不同文化背景的国家和地区的特色金融产品，以更好地推动中资金融机构的国际化进程。而要塑造良好的国际沟通能力，现代金融人才首先应具备"国际化视野 + 多元文化背景 + 全球通用技能"。

（1）国际化的战略视野：能以全球的视角，高屋建瓴式地跟踪全球金融业发展前沿，将国际金融业的最新动态与本土金融业的发展密切结合，探寻在金融全球化的背景与约束条件下，本土金融业在风险与效率之间平衡的最优发展模式与国际化的战略选择。

（2）多元化的文化背景：一是要接受东方文化、英美文化、法国文化、犹太文化等多元化的文化教育，受到过多国文化的熏陶；二是要具备跨文化的适应、沟通与团队协作能力。

（3）全球通用的技能

一是"通用语言"：娴熟掌握日常英语的听、说、读、写、译技能；精通财经英语，能彻底融入以英语为工作语言的工作情景，游刃有余地处理财经文书，轻松胜任财经专业学术论文的写作。

二是"通用工具"：通晓现代金融决策的分析理论与方法；娴熟掌握 SPSS、SAS、Matlab、Excel 等国际通行的金融机构全球运营与决策所需的定量分析工具；熟练掌握 INTERNET 上的资讯检索工具与信息共享平台的使用方法。

三是"通用规则"：熟悉国际金融法律、规则与全球通行的商业惯例；熟悉跨国金融机构国际运作与金融业务规则；熟悉国际原生与衍生金融产品的设计与交易规则；熟悉金融业务风险的国际控制标准与管理规则。

四是"通用表达"：良好的语言表达能力和娴熟的书面表达能力，能有效准确地表达自己的思想，熟练掌握财经专业的表达与论证技巧；卓越的人际交往沟通能力，包括公共关系社交能力、矛盾化解能力、团队合作与组织协调能力、团队领导力与方向感等；把握金融业内国际业务、技术与研究的动态和前沿，与国外同行交流无术语和语言上的双重障碍。

五是"通用管理"：通晓现代金融管理理论、知识与技能；熟悉跨国金融机构的经营与管理模式；拥有跨文化的领导才能（包含训导、影响、控制、危机处理等多重能力），善于在英语为工作语言的环境中，进行跨文化组织、协调与管理。

2. 市场把握能力

现代金融业信息更新加速，市场瞬息万变。校园所学的专业知识难以满足现代金融市场对金融人才知识与信息量的要求，因此，要成为高端金融人才还应具备对市场宏观的全盘把握能力。这种把握能力主要表现在两个方面：

（1）市场分析能力：不仅应具有搜集、整理、传递信息的初级信息处理能力，还应具有对市场各类信息的综合分析以及基于此对市场的动态分析能力。这主要包括：全面分析并加工经济数据、消息等各类信息；迅速识别金融风险来源、规模与结构。

（2）市场把控能力：基于信息的动态变化，对未来市场走势的预判能力以及对市场潜在拐点和风险的把握能力，即能准确把握市场全局，构建出应对各类市场情景的有效策略，能为市场中的投、融资主体提供理性、正确的导向。

3. 金融创新能力

金融业是一个依靠创新寻求发展的先锋型行业。创新既是金融发展的结果，更是其原因。各种金融要素的重新组合和创造性变革在金融领域催生新工具、新业务、新机构、新市场和新制度。这便对现代金融人才提出了又一个能力要求，即要拥有出色的创新能力。这主要包含三个方面：

一是要具有金融创新所必需的创新意识和理念，即对小到金融工具的创新到大到金融制度的革新具有强烈的专业敏感性，以及勇于、乐于、善于探索新的、更高效的金融运作模式。

二是卓越的业务创新能力，即具备创造性思维并娴熟掌握金融创新技巧和方法，能深入发现并迅速开发新的金融业子领域，在工具、业务、市场的开发与拓展实践中，始终贯彻创新原则，并能有力地推动金融创新的实质性活动。

三是要具有创新管理能力，即既能深刻把握金融创新的整体机制与规律，又能把握金融创新的一般路径和具体步骤，同时，对创新管理革新敏感，能合理实施对金融创新的有效管理，激励并约束创新活动。

（三）良好的综合素质

1. 金融人才的基本素质

现代金融业"高风险、高收益"的行业特征，使得其对从业人员基本素质的要求比其他行业更高。金融业从业人员必须具备一系列基本的素质，才能从容应对金融业高强度、大压力的工作环境，从而使自己在金融业从业经历中不断磨砺，成长为杰出的高端金融人才。

（1）基本素质一：高尚的思想品德与修养。有正确的"三观"（世界观、人生观和价值观）；诚实守信，社会责任感强；自尊、自爱、自强；有吃苦耐劳的精神和踏实谨慎的工作作风。

（2）基本素质二：良好的体能。

（3）基本素质三：良好的心理素质。包括：①积极的人生态度。乐观开朗，开拓进取。②动态适应能力。能迅速应对市场的改变和工作环境与要求的变化。③自我调适与抗压能力。有在金融业高压环境下持续工作的信心与能力，面对挫折和失败具有良好的心理承受能力，主动、积极地对自己的承压进行调节与管理，面对突发事件引致的压力拥有良好的自控力。

（4）基本素质四：批判性思维能力。能基于充分的理性和客观事实，进行思考与客观评价；能整合包含说明（interpretation）、分析（analysis）、评估（e-valuation）、推论（inference）、解释（explanation）和自我校准（self - regula-tion）在内的6种核心批判性思维技能，对整合技能加以有效运用，增强在工作和生活中运用这些工具的信心和自觉性，不断提升自我的独立思考能力和判断力；能通过对纷繁复杂的信息进行"质疑→比较→鉴别"的过程，对事物进行理性判断；在鉴别信息的过程中，能透过表象迅速发现并挖掘出深层次的核心问题，提出真问题、好问题。

（5）基本素质五：继续学习和可持续发展的能力。具有接受新观念的开放性思维；能根据金融工作环境的动态变化，主动自学新知新法，更新知识存量，并根据新知新法，迅速达到新的工作要求，具有较大的工作可塑性；自主学习与自我反思力突出，对金融业未来的发展动态与潮流有着敏锐的洞察力。

2. 金融人才的职业道德修养

金融是经营信用的一个特殊的高风险行业。金融机构经营的不仅仅是货币、资金，更多的是在经营风险、经营公信力。因此，金融从业人员的职业道德责任感将直接关系到金融体系是否能稳定发展。这从客观上要求金融人才必须具备两个层面上的"诚信"：一是法律层面，即在明确的法律、法规下不能逾越的法律界线，在金融国际化背景下，金融人才需要学法、懂法、用法，更要守法维法；二是道德层面，即要自觉遵守金融伦理法则，爱岗敬业，不能逾越道德的底线，须带感恩之心和忠诚度去从事金融这样的高风险行业。

四、结束语

随着中国金融开放的逐渐深化，现代金融业对金融人才的要求日益提高，需要我们在金融业对从业人员知识、能力与素质的基本要求上，打造出差异化的竞争能力。金融学专业大学生要想毕业后能走上自己理想的工作岗位，真正成为市场所需的金融人才，就必须根据现代金融市场对金融人才在知识、能力与素质方面的全面要求，有效规划、合理安排自己四年的"学—研—践"时光，将理论学习、科学研究与社会实践三者有机结合，为塑造合理的知识结构、锻炼卓越的专业能力、培养全面的综合素质而奠定坚实的基础。

参考文献：

［1］郭景泉，董亚红. 现代金融企业对大学本科生能力素质要求的调研［J］. 金融理论与教学，2014（2）：57－63.

［2］范祚军，唐菁菁. 我国高校现代金融人才培养模式研究——基于金融全球化的视角［J］. 创新，2012（4）：98－102，128.

［3］吴婷婷. 经贸专业英语"快乐体验式"教学模式研究：理论与实践

［J］. 云南财经大学学报（社会科学版），2010（4）：129 – 132.

　　［4］田玉兰. 关于应用型本科院校人才培养模式的研究［J］. 金融理论与教学，2011（4）：93 – 94.

　　［5］李俭，姜微，李文媛. 金融与计算机复合人才培养的几点思考与实践［J］. 金融理论与教学，2015（2）：97 – 99.

　　［6］谢太峰. 金融实践教学与应用创新型人才的培养［J］. 金融理论与教学，2013（5）：82 – 83.

第三篇

互联网时代中国金融教育
面临机遇与挑战

"新常态"下金融高等教育与金融职业教育的偏好、差异与融合

——以部分代表性商业银行和财经院校的实证研究为例[①]

中信银行总行（合规部）　蔡宁伟

摘要：金融高等教育和金融职业教育对于个体、家庭、群体乃至社会具有重要意义。尽管金融教育的研究由来已久，但有关金融高等教育和金融职业教育在中国具有哪些偏好、倾向、侧重和差异并未得到明确的分析、比较与解释，实证研究相对匮乏，质性研究仍是空白。本研究采取实证研究的范式，选取中国 2015 年规模较大的 10 家上市银行及排名靠前的 10 家高等院校，尝试通过重点抽样、实地研究，并借鉴质性研究、案例研究、对比研究的方法，重点对比、分析和探讨金融高等教育与金融职业教育的 6 类偏好、8 种侧重与 6 项融合，从而深入发掘两者的异同，就如何更好地发挥其各自特点，实现优势互补、强强联合与共同进步提出建议。

关键词：金融高等教育　金融职业教育　实证研究　质性研究

一、引言

当前，国际经济处于复苏的多元化、无核化、复杂化的"波动拉锯"时期，国内经济适逢增长速度进入换挡期、结构调整面临阵痛期和前期刺激政策消化期的"三期叠加"阶段，中国宏观经济转型趋于增长速度放缓、经济机构升级、改革创新驱动等为代表的"新常态"。在此背景下，金融作为经济命脉的支撑、对小微企业的支持和对家庭福利水平的提升作用尤为突出（周弘，2015）。如何培养足量、高素质、符合市场需要的金融人才成为金融行业和教育机构乃至全社会关注的一个问题。有学者认为：中国现有高等教育的培养机制难以充分满

---

① 本文曾获 2015 第六届中国金融教育优秀论文奖；本研究为个人观点，不代表所在组织的意见。

足市场的需要，金融教育的结构、机制与方法明显滞后（龚秀敏、韩莉，2008；邱兆祥，2010；李哲，2011；胡文涛，2015）；与发达国家相比，中国的学院教育与职业培训相对独立、自成一体，衔接配合不够紧密（周萍、贺增强，2004）。因此，如何健全高等院校金融培训体系，完善金融培训方案与方法，是本研究设计的缘起，具有重要的理论和现实意义。

二、研究问题、设计与方法

（一）研究问题

国内外学者对金融教育的认识各有千秋。孙同全、潘忠（2014）提出的定义相对全面，认为金融教育不仅意指有关金融行为的知识和技能，同时涉及金融行为背后对钱的观念、态度等内在思想和心理因素。2007 年次贷危机后，美国将金融教育上升到国家战略的层次（龚秀敏、韩莉，2008），采取系列举措强调金融素养对一个稳定健康经济体的重要性（Bernanke，2011）。相比之下，中国的金融教育起步较晚，在一定程度上存在教育设计与培养需求相对滞后甚至抵触、矛盾的问题。在金融教育的分类上，刁雯、易传礼、罗大强（2010）提出其可分为专业教育和普及教育两类。李哲（2011）细化了上述分类，认为金融教育由普及性、选择性和专业性三类构成；其中，金融高等教育主要集中在专业性中，金融职业教育主要集中在选择性中。中国金融教育的重点在于高等教育，但学科内容无法适应金融业发展的现状，金融职业道德教育仍存在真空（张超，2003）。而包括了高职、职业培训、金融知识普及等的职业教育尚未形成有效的体系，社会参与力度不足，大众对其了解相对有限。

（二）研究架构

金融教育的研究由来已久，对个体投资理财和社会经济发展具有积极的作用。Langrehr（1979）率先对美国中学生开展了实证研究，调查发现金融教育有助于提升个体的金融能力。Bernheim、Daniel 和 Dean（2001）调查美国居民的储蓄行为发现，具备更多金融知识的人更倾向参与金融活动，且有助于其提升投资水平。Hilgert、Hogarth 和 Beverley（2003）的研究表明，金融认知与日常财务管理技能显著相关，美国受过高等教育或高收入的人群能从复杂的金融产品中获得更多回报，这与 Van Rooij、Lusardi 和 Alessie（2011）在荷兰的发现相似，金融认知水平高的家庭更可能参与市场金融活动并选择在股市投资。李媛、郭立宏（2014）对陕西高校学生的实证研究发现，学校教育对个体金融认知的影响显著大于家庭教育，并弥补了城乡学生间的个体初始金融认知差异。不难看出，金融高等教育和职业教育对于个体、家庭、群体乃至社会的重要意义。那么，这两类金融教育在中国具有哪些偏好、倾向、侧重和差异——并未得到明确的分析、比较和解释，这是本研究设计的基础。

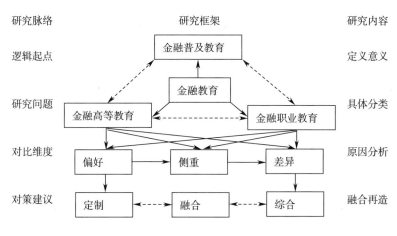

图1　研究框架、脉络与内容

（三）研究方法

在研究架构的统一设计下，本研究拟采取规范的实证研究方法，采取重点抽样的方式，选取 2015 年规模较大的 10 家中国上市商业银行以及排名靠前的 10 家中国大陆综合类院校与财经类院校。尝试通过实证研究的设计，并借鉴质性研究、案例研究、对比研究的方法，重点对比、分析和探讨金融教育与金融实践的偏好、差异与融合。从而更深入地发掘基于理论的高等教育与基于实践的职业教育之间的异同，更好地发挥各自特点，实现两者的优势互补与强强联合。我们拟在实证研究的架构中"嵌入"质性研究，即在抽样后具体处理和分析方法上引入质性研究和编码，用以分析文本、转化数据和对比参照。质性研究主要采取内容分析法（也称"文本分析法"），运用 Word 2007、Excel 2007、Nvivo8 等软件，从语义学角度分析招聘启事、企业年报、培训计划等相关文件、材料、资料等的内容和词频，对于重点研究对象的关键词进行分类和编码；编码过程采取了开放编码（也称"初始编码"，Initial Coding）、关联编码和核心编码三个阶段（蔡宁伟、张丽华，2014)①，用以规范地梳理、展示和提炼研究的问题与结果。

（四）样本选择

在样本选择上，考虑到商业银行和独立金融学院的数量均较多，因此我们采取了重点抽样的方式。依据国际、国内对商业银行规模、院校办学质量的排名选择比较知名的、成熟的组织。这类组织的教育和培训体系更健全，也更容易汲取前沿的金融知识。在研究过程中，我们拟采取实地调研部分金融机构，客观考量和评价其培训体系，同时研究相关金融机构和培训院校的公开数据，如官方网站、上市商业银行 2014 年年报、2015 年半年报等有关数据、2015 年上半年招聘启事等。其中，我们拟依据权威的 2015 年《福布斯》杂志全球上市公司 2000 强中涵盖的中国上市银行排名，选取排名靠前的工、农、中、建、交五大国有银行以及招商、兴业、民生、浦发、中信五家规模较大的全国性股份制银行，其分别位居全球上市公司第 1、2、3、4、38、55、73、79、84 和 94 位，全部位居百强行列。财经院校我们依据连续性较好的 2015 年武书连全国大学排名，选取相对靠前的北大、浙大、清华、复旦、人大五所设有金融类系或学院的综合性大学以及上财、中南财大、西财、中财、东财五所设有金融类专业学院的财经类大学②，其分别位于全国大学排名的第 1、2、3、5、19、84、86、98、121 和 126 位，其金融学排名全部位居全国 50 强。

三、金融高等教育与职业教育的偏好

（一）"学院派"的教育偏好

1. 全面性

金融高等教育即"学院派"教育的偏好首推全面性，类似于当年"会计热""计算机热"等专业选择性浪潮。金融热、经济热引发了高等院校普遍开设金融专业。据不完全统计，早在 1999 年，全国高校金融类专业设点已超过 600 个（邱兆祥，2010）。保守估计 2015 年，全国高校金融类专业设点已超过

---

① 也可简化为开放编码和集中编码（Focused Coding）两个阶段。

② 以上分别为北京大学、浙江大学、清华大学、复旦大学、中国人民大学、上海财经大学、中南财经政法大学、西南财经大学、中央财经大学和东北财经大学的简称，下同。

1000 个，一定比例的综合型大学以及专业类院校设置了独立二级学院，如金融学院、经济与金融学院、财政金融学院等。在样本院校网站最新的本科培养方案、培养目标或招生简章中，累计初始编码 16 个、35 次，大多提出了全面性的培养目的，合计 8 所院校，占样本院校的 80%，其中有 3 所院校同时提出了全面性并兼顾专业性的培养目的，占样本院校的 30%。另有 1 所院校更关注培养人才的层次，只有 1 所院校提出了专业性的培养目的。样本高校的培养目标编码见表 1。

表 1　　　　　　　　　　　样本高校的培养目标编码①

核心	关联	初始	北大	浙大	清华	复旦	人大	上财	中南财大	西财	中财	东财
全面性	培养目标	全面							1			
		基础	1			1			1	1	2	
		基本				1					1	
		复合			1							
		综合						1	1		1	
		系统										1
		宽厚							1	1	1	
层次性	培养目标之人才层次	高级		1								
		高素质		1								
		高层次	1				1					
		专门		1					1	1	1	
		精英						1				
		创新										1
专业性	培养目标	专业					1			2	1	3
		应用									1	
		单一性										

2. 多元性

"学院派"教育的单一性课程多，交叉课程少。普通院校由于师资力量薄弱，难以注重金融学与其他相关学科的交叉融合，更难以将金融学与数学、法

---

① 截至 2015 年 7 月 1 日，因北大、浙大、复旦尚未独立设置金融学院，故以设立金融系且本科培养方案较为全面的北大光华管理学院、浙大经济学院、复旦经济学院为样本；因清华五道口金融学院不招收本科生，兼顾评价体系的对等性，故以设立金融系的清华经济管理学院本科培养方案为样本。

学、外语、网络信息技术等专业的交叉融合。曹廷贵（2004）认为对金融的理解中外有别，而中国固有的"财务、财政、货币资金、金融"四类理解割裂了金融"货币资金的管理，货币资金本身以及提供货币资金"的原意。结果，可能导致金融类专业多而不精、广而不深，缺乏协调统筹。

3. 滞后性

"学院派"教育的课程设置往往落后于实践的发展，特别是应用金融学、应用经济学等应用型课程。2007 年金融危机后，基金管理、操作风险管理、衍生品交易与风险管理、行为金融、消费金融、消费者金融行为等课程（Xiao、Ford、Kim，2011）仍未全面登上学术课程的殿堂，相关课程设计与师资配备严重不足。2013 年互联网金融元年，网络金融、P2P 管理及相关课程依然鲜见，亟须设计、开发和补充（张超、李梅、丁妥，2015）。

（二）"职业派"的教育偏好

1. 专业性

职业教育即"职业派"的教育偏好一般优先考虑国际行业或专业认证，其次考虑国内行业或专业认证，最后是某组织内部的通用认证。对 2015 年上半年工、农、中、建、交以及招商、兴业、民生、浦发、中信、光大等商业银行网站的总行招聘启事进行文本分析发现[①]：提出认证需求的商业银行共 6 家，占样本研究时段内具有招聘需求商业银行的 75%；其中，注册金融分析师（CFA）、金融风险管理师（FRM）、特许公认会计师（ACCA）、注册金融理财师（CFP）等国际认证最受金融机构青睐，其"优先考虑"出现的频次分别占全部 245 个招聘岗位的 17.6%、9%、5.3% 和 0.8%；而注册会计师（CPA）、金融理财师（AFP）等国内认证分别占全部招聘频次的 15.9% 和 0.8%。其中，以 CFA"优先考虑"的最多，达 43 次，其次为 CPA，达 39 次。此外，国际注册内部审计师（CIA）、国际数量金融工程证书（CQF）持有人、国际信息系统审计师（CISA）、项目管理师（PMP）和认证数据中心资深专家（CDCS）等也受到一些商业银行特定岗位的青睐。主要商业银行对职业认证的认定与编码见表 2。

---

① 考虑到职业认证的专业性，主要针对社会招聘，不含研发中心、开发中心、数据中心、呼叫中心、客服中心等职能相对单一的直属机构；为确保可比性，工行等 2015 年上半年未发布社会招聘启事的回溯至 2014 年下半年；农行、建行等无社会招聘信息；招聘启事中未明确人数的岗位视为 1 人。

表2 主要商业银行对职业认证的认定与选择编码

编码			工	农	中	建	交	招商	兴业	民生	浦发	中信
核心	关联	初始										
国际认证	优先	CFA	19				2	8			13	1
		FRM	10				2	2			8	
		CFP						1				1
		ACCA	10						1		2	
	必须	无										
国内认证	优先	CPA	19					5	1		13	1
		AFP										2
		经济师										
		会计师										
	必须	无										
组织认证	优先	无										
	必须	无										
累计招聘岗位			31	0	3	0	9	48	43	9	96	6
累计招聘人数			55	0	4	0	13	51	43	15	117	6

2. 针对性

职业教育重在某些类别或某一方向的培养，即单一方向考试，突出针对实践的部分或某项能力要求。例如，CFA考试分为三级，每一级的考试均各有侧重，且以模块化的内容和分值组合作为"看不见的手"，自动引导考生有针对性、重点性地、自觉自发地学习。与之类似，FRM考试分为两级，每一级也有所差异，且其主要方向着眼于金融风险管理，相比于金融学院派的课程设置，金融风险管理仅仅是设置的课程或者章节之一。

3. 创新性

职业教育与业务实践联系紧密，金融职业教育更是如此。一些考试试题年年更新，并与金融形势结合紧密。例如，CFA考试不设题库，每一年考题均不重复，结合了前沿的趋势和变革，一些新鲜出炉的试题需要平时对金融宏微观理论与实践有着丰富的积累。此外，CFA考试的合格标准并不设立统一的分数线，而根据每次前1%的参考人员分数按比例设定。相比之下，金融高等教育考试大多具有滞后性、传统性，"60分万岁"的划线标准是常态。

四、金融高等教育与职业教育的差异

（一）"学院派"培养的主要侧重

1. 重理论

金融高等教育非常重视理论学习。无论学习的课程设置、培养体系、考试导向、考题设置等基本都与理论相衔接。这一倾向导致"学院派"培养的学生主要侧重在于熟悉、理解并在一定问题中重视理论选择的应用，而缺乏实践的机会与基础。一些高职院校和普通高校金融专业学生所掌握的仅仅是"书中股市、纸上期货、课堂银行、校园保险"，学生的实务知识不多，动手能力不强，职业素养不高（戴明，2004）。

2. 重宏观

目前我国的金融高等教育多集中于以货币银行学和国际金融两大代表性科目为主的宏观金融领域，偏重于培养货币经济学家、宏观金融学家，对微观金融学这一核心领域并未给予应有的重视（戴明，2004）。与国外著名高校相比，我国高等院校微观金融和务实性类课程偏少，宏观金融类课程偏多，对金融学的应用相对薄弱（邱兆祥，2010）。对此，曹廷贵（2004）等提出金融高等教育的要务是把金融由经济学划归管理学，明确金融教育培养的是具有综合素质和方向清晰的综合型、实用型人才，切实与金融实务相结合。

3. 重盈利

无论教育宣传还是社会舆论导向都更为看重金融的盈利特征，并不区分即期还是远期，尽管远期的风险更大。李哲（2011）提出我国金融知识体系存在的一大缺陷在于金融投资理财功能被广泛宣传，而风险控制和规避功能却被轻描淡写。结果，考生和家长往往只看到金融业的盈利情况和较高收入，容易忽略其背后的风险管控与素质要求。这一导向存在片面性和局限性，不利于学生树立正确的从业观，甚至影响未来的职业发展和长期成长。

4. 重统筹

传统的金融高等教育体制比较固定、机制不够灵活。例如，大多数高等学校的学习时间比较统一，课程相对固定。学生学习自主性较低，基本以院校安排为主，缺乏双向选择和自发兴趣的动力。这种情况不仅出现在部分高校本科教学与培养中，也存在一些高校对硕士研究生甚至博士研究生的培养设计中。

导致研究培养的方案相对单调，鲜有针对性调整和特色应对，使得一些高校培养的学生在知识结构、经验能力上存在"趋同"的趋势。

（二）"职业派"培养的主要侧重

1. 重操作

金融职业教育重视实践操作，这一倾向不仅体现在培训的教材、教案和辅导材料上，也体现在考试的导向、内容和占比上。例如，在 CFA 考试中，微观和应用模块的占比相对较高，而理论道德模块在三级考试中都有涉及。在前两种模块中，考题既有以计算来体现应用水平的，也有以选择性回答、论述等来体现实践操作流程的；每一模块中，无论选择或填空，大多都是基于实际情境的分析与回答，检验考生的价值观、行为准则和解决能力。

2. 重微观

金融职业教育重视微观实践，这与金融高等教育形成了强烈反差。例如，在商业银行业务实践中，"会出储"是传统会计、出纳、储蓄的简称，衍生出个人金融、零售金融、私人银行、公司金融、批发金融、银行出纳、现金管理、财务会计、贵金属管理等多种业务门类或专业条线（蔡宁伟，2015）。在理论教学中，只有会计学是二级学科，中财等财经类高校多设有独立会计学院。但在职业教育中，上述门类或条线均可设置独立课程，更为精细。

3. 重风险

金融职业教育更重视风险，甚至设立了专门的金融风险管理师考试（FRM）。在 CFA 等其他国际认证体系中，风险管理也是不可或缺的环节，这与业务实践休戚相关。例如，2007 年的美国次贷危机的根源之一在于信用风险的缺失，金融机构高估了自身的风险管理能力，大量放贷给不具备还款资质的客户，并在极其脆弱的基础上构建复杂的次证券等产品，这种不稳定的"倒金字塔结构"和不断积聚的风险隐患必然引发多米诺骨牌效应。

4. 重客户

金融职业教育由于培训对象的差异化，更关注培训对象的时间、地点和个性化需求。例如，澳大利亚证券和投资委员会（ASIC）每年编写一本完整的培训课程目录以供员工参考选择，包含每门课程详细的目的、内容、课时及授课地点。同时，每半年印制一份标有培训安排的日历，以供员工统筹规划时间（周萍、贺增强，2004）。毕竟"谁付费谁受益"，客户就是上帝。而在不少金融机构中，员工自入职起，都有详细的培训记录以供查考。

五、金融高等教育与职业教育的融合

（一）"导向"学位教育

1. 本专科金融教育尝试以实践为导向

本专科教育可以尝试与实践合作，这种合作并非临时的、片面的、简单的，而是长期的、全面的、深入的合作。这类实践并非传统的高校企业实践、业务实习，而是至少一年以上的时间去金融机构实习、体验，需要制定详细的实习目的、要求和计划。不仅包括本科、专科也可以包括部分高职院校，可以作为"通才培养"后的"选拔定制"。在一定的通用门槛上，选拔金融机构的操作型、针对型、定向型员工。例如，商业银行的柜员、券商的客户经理等。

2. 研究生金融教育尝试以案例为导向

研究生教育可以尝试与机构协作，采用具有最新实践价值的、应用前沿理论的金融机构。很多新理论、新思想的来源恰是实践——"实践出真知"。从实践中可以发掘很多新情况、新问题，也可以作为硕士和博士研究生未来的研究和主攻方向。这类高校可以开设符合企业需求的研究生实践课程，尝试案例教学、实验教学，设置应用金融学硕士、金融专业博士等学位教育，在强调学术理论贡献的同时，让研究更具前瞻性、更有应用价值、更接地气。

3. 高端金融教育尝试以项目为导向

高端金融教育尝试量身设计与机构定制，以企业真实的项目为导向，进行实战教学。由于高端金融教育一定比例源自企业委托，因此可以在接受委托的同时，以企业的实际需求和在研项目为基础，开展项目教学。通过基于真实背景的金融项目全生命周期追踪研究，在完成项目的同时达到教学的目的。例如，中国人民大学财政金融学院、清华大学五道口金融学院、长江商学院、中欧商学院开设的符合市场需求的高级金融教学实验项目、高端金融领导力培训、金融 MBA 和金融 EMBA、金融 EDP 等学位教育和专业培训，开展了前沿性的探索，取得了较高的品牌声誉（刘毅、严家建，2003；吴晓灵，2014）。

4. 金融高等教育与职业教育的层次导向

综上，由于金融高等教育与职业教育在培养偏好、侧重和特征下，导致理论与操作之间有脱节、宏观与微观之间有空白、盈利与风险之间有选择，为两者的定制、交流与发展创造了条件。金融高等教育基于不同的类型和层次，可以借鉴金融职业教育的培训手段、培养方式和教育目的，提出不同的教育导向，更加面向企业、面向实践。因此，我们提出以上三种层次和对应导向，即本专科金融教育尝试以实践为导向、研究生金融教育尝试以案例为导向、高端金融教育尝试以项目为导向，从而更好地达到金融高等教育的目的。

表3　　　　金融高等教育与金融职业教育的偏好、侧重、层次与导向

金融高等教育			教育类型		金融职业教育		
偏好	侧重	层次	对比项目	层次	侧重	偏好	
全面性 多元性 滞后性	重理论 重宏观 重盈利 重统筹	本专科 研究生 高端	实践导向　——＞ 案例导向　——＞ 项目导向　——＞	国际 国内 组织内	重实践 重微观 重风险 重客户	专业性 针对性 创新性	

(二)"融合"职业教育

1. 以职业教育延续金融高等教育机制

职业教育与高等教育相接轨，作为辅助、补充和延续。例如，澳大利亚麦考瑞大学（MacquarieUniversity）应用金融学系蜚声海外，其成功要诀在于重视金融理论的应用而不仅是理论本身。对此，该系一是确保教授的内容囊括现代金融业重要领域，包括公司财务、金融风险管理、基金管理、财政学等；二是运用案例教学扩展相关知识与技能；三是邀请从业经验丰富的金融专家授课；四是在繁忙的工作现场开设体验课程，以解决实际问题的方式授课；五是提供几十类应用性强的选修课程。这种应用导向型的高等教育为学生求职奠定了良好的专业技能与技术基础，获得了国内外金融业的普遍认可（周萍、贺增强，2004）。

2. 以多种形式丰富金融职业教育模式

职业教育除了传统培养模式之外，还有多种其他形式或模式的组合，如职业咨询、伦理案例、商务培训、实务操作、情境模拟、职业发展规划等。Cho 和 Honorati（2013）分析了37项针对38个发展中国家企业的干预措施影响力评估研究，其中职业培训和一般性的商务培训是最成功的方式，特别是在职业培训辅以咨询或训导的手段时有效性更强，如职业培训与咨询、职业培训与融资

等①。陶雄和华徐晟（2010）采取实验研究的方法发现案例分析有助于影响学生对于商业人士道德的理解判断，与 Cagle（2005）的研究结果相似。由此，我们建议在职业教育模式中至少还需增加职业咨询、伦理案例等内容，以丰富职业教育的模式。

3. 以丰富层次构建新型金融教育体系

职业教育体系还可作为金融高等教育的有机补充，避免金融高等教育招生的大小年波动，避免高等教育的"一窝蜂"报考与培养。由此，教育部门应该与各行业部门在人才培养的目标、方式、专业标准等方面协调一致，并充分共享信息（周萍、贺增强，2004）。在培养体系和教育目标上，无论高等教育还是职业教育，都应使诚信道德教育、职业素养培训占据一定比例，通过金融法律法规的介绍、真实案例分析、观摩专题纪录片、实地参观等，使学生和参训人员真正树立起"按规则办事"和"诚实守信"等观念，从而培养出拥有良好职业操守的金融人才（张超，2003）。

4. 金融高等教育与职业教育的融合

综上，我们看到金融职业教育在很多国家、地区和金融机构已经作为金融高等教育的衍生和延续，两者互相借鉴、互相吸收、共同进步。在教育设计上，职业教育的理念、内容、方法已经融入一些顶尖院校的金融高等教育体制，形成共生共荣关系；在教育方式上，金融职业教育与高等教育互相渗透、互为补充、融合发展；在教育体系上，金融职业教育与高等教学共同构成"一体的两面"，有助于金融领域的求学者和工作者更好地明确自身定位、发掘自身潜力、发挥更大的优势。金融教育本身由普及、高等和职业教育三类构成，又以金融普及教育为基础，呈现"倒金字塔"结构；金融职业教育等可细化为多类模块化组合。

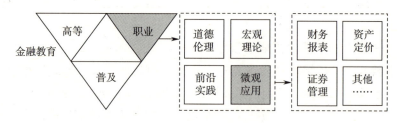

图2　金融教育的"倒金字塔"结构与金融职业教育的模块化举例

---

① ［英］ACCA. 财会金融教育研究报告（下）［J］. 首席财务官，2014（8）：68 - 71.

六、研究不足、启示与展望

（一）研究不足

本文基于宏观、微观的代表性样本实证研究，对于部分微观细节并未深入探讨。例如，陶雄、华徐晟（2010）发现在采取伦理案例教学实验后，虽然学生对于商界的道德的理解得到改进，但女同学的改进效果并不显著。这一考虑性别因素的结果与 Cagle（2005）以及 Cagle 和 Baucus（2006）的研究相矛盾，后者认为伦理教育的案例分析对性别没有影响，甚至对女性尤为积极。上述研究差异，可以解释为中外对女性的商业期望和商界行为的认知不同，如中国的传统观点更倾向于女性应该相夫教子，不支持崭露头角。而这些细节的差异需要进一步的实验和实证研究来检验。

（二）研究启示

我们关注到，现阶段金融高等教育与职业教育偏好、侧重和特征的实质原因在于两者培养目的、盈利来源和培养对象的不同。在培养目的上，金融高等教育的全面性与金融职业教育的针对性形成了明显的反差。在盈利来源上，金融高等教育往往通过财政拨款、收取学生学费等来实现收支平衡，而金融职业教育则往往从考试费、报名费、培训费、体验费等来实现盈利。在培养对象上，金融高等教育面对的大多是缺乏金融实践甚至社会历练的高中毕业生，而金融职业培训则更多面对有着丰富从业经验的金融工作者，这是差异的根源所在。

（三）研究展望

金融职业也可引入金融高等教育的一些好的做法。例如，可嵌入学位教育的权重，打造职业教育体系，并根据培训对象的差异和需求，丰富其理论培养。又如，完善职业教育评价体系，整合国内外、行业内外的评价标准，设立技术和管理的职称序列，让各类人才都具有发展的空间。再如，调研发现，还需避免被动"挤出效应"影响，一些业务骨干存在"挤出"和"忙人"效应。有的"忙了现在，忘了以前"，旧有知识迅速被新业务挤出；有的"白天跑客户、晚上忙营销"，培训时间极为有限，参与职业教育的动力不足。金融机构还应考虑这类骨干的职业发展和正当诉求，给予适当的放权，为其主动创造职业提升的空间。

参考文献：

［1］张超，李梅，丁妥．互联网金融背景下金融教育改革探析［J］．中国市场，2015（12）：18－19.

［2］蔡宁伟．商业银行的业务类型与演进发展［J］．上海金融，2015（2）：94－99.

［3］胡文涛．发展普惠金融需要加强国民金融教育［J］．金融教学与研究，2015（1）：15－18.

［4］周弘．风险态度、消费者金融教育与家庭金融市场参与［J］．经济科学，2015（1）：79－88.

［5］胡文涛．发展普惠金融需要加强国民金融教育［J］．金融教学与研究，2015（1）：15－18.

［6］蔡宁伟，张丽华．最佳人力资源管理实践与组织绩效的关系研究——基于国企的追踪案例［J］．中国人力资源开发，2014（22）：39－56.

［7］孙芙蓉．金融教育的历史使命——访中国人民银行原副行长、全国人大财经委副主任委员吴晓灵［J］．中国金融，2014（19）：62－64.

［8］孙同全，潘忠．普惠金融建设中的金融教育［J］．中国金融，2014（10）：62－63.

［9］［英］ACCA．财会金融教育研究报告（下）［J］．首席财务官，2014（8）：68－71.

［10］李媛，郭立宏．金融教育影响了大学生的金融认知和金融行为吗——来自陕西的经验证据［J］．高等财经教育研究，2014（4）：14－24.

［11］［美］Bernanke，B.，杨岚，郭琳劼，王常亮译．伯南克：金融扫盲月、金融素养与金融教育［J］．西部金融，2011（6）：16－18.

［12］李哲．金融教育结构性缺失：对金融危机的一个反思［J］．江西财经大学学报，2011（5）：15－18.

［13］陶雄，华徐晟．后金融危机时期金融伦理道德教育课程的设置——金融学科学生伦理道德认知分析［J］．区域金融研究，2010（11）：41－46.

［14］邱兆祥．建立与大国金融相适应的高等金融教育［J］．金融理论与实践，2010（10）：100－103.

［15］刁雯，易传礼，罗大强．金融危机与我国金融教育的完善［J］．福建金融管理学院学报，2010（1）：19－23．

［16］龚秀敏，韩莉．把握未来——谈作为美国国家战略的金融教育［J］．生产力研究，2008（16）：89－91．

［17］周萍，贺增强．澳洲金融教育培训见闻录［J］．中国金融家，2004（3）：50－53．

［18］曹廷贵．对金融及金融教育理念的一点看法［J］．金融教学与研究，2004（2）：43－45．

［19］戴明．高职金融教育问题探析［J］．华东经济管理，2004（6）：234－236．

［20］张超．从 CFA 考试看我国金融教育改革之路［J］．金融教学与研究，2003（2）：41－43．

［21］刘毅，严家建．金融学教育的国际化尝试——记中国人民大学财政金融学院高级金融教学实验项目［J］．中国大学教学，2003（1）：33－34．

［22］Xiao, J. J., Ford, M. E., Kim, J. Consumer Financial Behavior: An Interdisciplinary Review of Selected Theories and Research［J］. *Family and Consumer Science Research Journal*, 2011: 39 (4): 399－414.

［23］Van Rooij, M., Lusardi, A., Alessie, R. Financial Literacy and Stock Market Participation［J］. *Journal of Financial Economics Elsevier*, 2011, 101 (2): 449－472.

［24］Cagle, J. A. B., Baucus, M. S. Case Studies of Ethics Scandals: Effects on Ethical Perceptions of Finance Students［J］. *Journal of Business Ethics*, 2006, 64 (3), 213－229.

［25］Dean, K. L., Beggs, J. M. University Professors and Teaching Ethics: Conceptualizations and Expectations［J］. *Journal of Management Education*, 2006, 30 (1): 15－44.

［26］Cagle, J. A. B. Case Studies of Ethical Companies to Emulate: Effects on Ethical Perceptions of Finance Students［J］. *Journal of Financial Education*, 2005, 31 (FALL): 41－56.

［27］Hilgert, M., Hogarth, J., Beverley, S. Household Financial Management: The Connection between Knowledge and Behavior［R］. Federal Reserve Bulletin, 2003: 309－322.

[28] Bernheim, D., Daniel, G., Dean, M. Education and Saving: TheLong - term Effects of High School Financial Curriculum Mandates [J]. Journal of Public Economics, 2001, 80 (3): 435 - 465.

[29] Langrehr, F. W. Consumer Education: Does It Change Students´Competencies and Attitudes [J]. *Journal of Consumer Affairs*, 1979, 13 (1): 41 - 53.

高等院校金融学本科互联网辅助教学及模糊综合评价[①]

南京农业大学金融学院财政金融研究中心　林乐芬

摘要： 在互联网金融的时代背景下，以往的金融学本科教学方法，已无法满足金融学科的发展和对新型人才的要求，本文针对金融学本科专业中的国际金融、货币银行学、公共经济学、保险学，金融市场学五门课程设计问卷，对本科生进行问卷调查，根据结果对高等院校金融学本科互联网辅助教学效果进行模糊综合评价，并提出进一步创新的政策建议。

关键词： 互联网辅助教学　金融学本科生　教学效果　模糊综合评价

互联网技术的迅猛发展，人们消费习惯和社交生活方式的改变，以及大众对支付方式便捷快速的需求，为互联网和金融业的融合创造了条件和市场。自从互联网金融这一概念被提出，对其的定义便各有不同。《中国金融稳定报告 (2014)》将互联网金融定义为：借助互联网和移动通信技术实现资金融通、支付和信息中介功能的新兴金融模式。互联网金融从诞生开始，对传统金融、商业银行、证券市场以及金融监管等都产生了重大影响，使得金融学成为一门动态学科，其教学内容始终与时俱进，保持发展变化。因此，这就要求金融学的教学方法必须符合金融学的学科特点，满足金融学的教学目标，以往单一不变教学方法的弊端愈来愈突出。

一、文献综述

关于互联网金融下金融学教学方法创新方面，王小翠（2014）认为，高等院校的金融人才，需要掌握更多的知识，而不是单一知识，为了满足金融业人

---

①　本文是 2015 年校级教育教学改革研究课题"本科课程教学质量对本科生科研创新能力影响的实证研究"（项目编号：2015Y048）阶段性成果。

才培养的要求，需要从加强实践教学课程、加强案例分析、实行情景模拟教学、加强金融学与交叉学科的融合四个方面对原有的教学方式进行改进。玉素甫·阿布来提（2014）指出，金融学教学方法的创新速度和力度都不够，他提出了金融学教学方式要与时俱进，由于专业课实务性和理论性相融合的特点，在教学中，应结合金融领域的具体事例，将实践和理论相结合。他还指出研究性教学方式的必要性，即凭借对大量信息的获取、收集、分析和判断，创建与科学研究类似的教学途径，通过学生的自主学习，培养其创新理念与思维，提高自我学习能力和创新能力。丰翔（2014）指出，在课堂教学中，可以采用模拟软件实时教学，用网络等技术手段，可激发学生的学习兴趣，另外，金融事件追踪法、案例教学法、小组学习法、辩论式教学法等方法，都可以让学生多角度、多层次地进行学习，有助于开拓思路，开发潜能。王晓军（2008）认为，要推进"探讨式、导学式、互动式、案例式、模拟式"教学方法，针对当前经济热点，让学生自己分析问题，增加学生课堂参与感，提高学生学习兴趣。黄庆安（2014）认为，金融学始终处于变化之中，互联网金融正在不断地改变着传统金融模式，为了满足互联网金融的发展需要，在金融学的课程设置中，应单独开设一门《互联网金融》课程，由于新开设一门课程对时间有一定的要求，因此可在开设之前，以互联网金融专题讲座的形式开展。刘标胜、吴宗金（2014）针对金融学课程内容落后，不能及时准确地反映互联网金融对行业的冲击，以及对复合型人才需求等方面的问题，提出要组织金融学的专业教师来开发互联网金融相关课程，如互联网融资、P2P信贷与供应链金融以及互联网金融模式、互联网金融营销等。张超，李梅，丁妥（2015）指出，当前金融学高等教育内容和教学参考书并不能体现出互联网金融的最新发展情况，对互联网金融在金融领域的大量应用鲜有涉及，对此他们认为学院或者教研室可以通过讲座、研讨等方式加强一线教师之间的交流，鼓励他们交流最新的金融发展和教学体会；也可以借助网络平台，更新学校网络课堂或教师个人网站的教学内容，实现教师与教师、教师与学生、教师与学术前沿、社会实践之间的有效互动。

综上，诸学者们的研究成果为本文的进一步研究提供了借鉴。南京农业大学是国家"211工程"重点建设大学和"985优势学科创新平台"高校之一，在本科生互联网网络化课程建设和网络辅助教学方法上已有多年经验，并取得了一些教学成果，形成了充分利用互联网网络平台开展"传统讲授式教学法""基于问题的教学法""基于项目的教学法""基于案例的教学法""基于发现的教学法""开放式教学法""以兴趣为导向的教学法""小组合作式教学法""研讨式教学法""小班化"的教学法、"大班化教学，小班化研讨"与互联网相结合的多种教学手段。自 2006 年互联网网络教学平台建设并应用以来，互联网网络教学平台在建课程稳步增长，截至 2014 年年底，全校 8800 门课，多媒体教学已经覆盖全部，其中网络辅助教学课程数已超过 50%，规模大、数量多，不仅形成了较好的规模效应，而且学校本科教学质量和办学水平明显提升。本文以南京农业大学金融学专业为例，对金融学本科生展开问卷调查，基于调查结果，来研究互联网＋背景下高等院校金融学本科互联网网络辅助教学发展现状，对其教学效果进行模糊综合评价并提出进一步创新的政策建议。

二、金融学本科互联网网络辅助教学综合评价实证分析

1. 金融学本科网络辅助教学发展与样本选择

南京农业大学金融学专业是江苏省品牌专业。致力于培养具备金融学方面的理论知识和业务技能，能够系统地掌握经济学基本原理和金融学的基本理论，掌握金融学的基本知识与基本技能，了解当代金融的发展现状，熟悉通行的国际金融规则和惯例以及中国金融的政策法规，了解主要国家与地区的社会经济情况，具有金融领域较强的信息检索、搜集、识别、判断和利用信息资料进行综合分析与应用以及具有创新精神和实践的能力，能在银行、证券、保险机构从事实际业务、管理、调研和宣传策划工作的学术研究型人才和复合应用型人才。

金融学本科课程共 12 门，分为专业基础课和专业核心课两大类，其中专业基础课包括：学科导论、国际金融、货币银行学、公共经济学、投资学五门；专业核心课包括：中央银行学、商业银行管理学、金融工程学概论、保险学、公司金融学、金融企业会计、金融市场学七门。2015 年 6 月，课题组选择南京农业大学金融学本科二年级的学生为调查对象，一是因为大学二年级的学生于大一时完成了基础课程的学习，又在大二学年学习了部分专业基础课和专业核心课程，所以他们有条件和能力对专业课程的教学方法以及效果进行评价，这是从学生的是视角反映了其对教学方法改革最直接的需求。二是因为此次调研涉及了金融学专业大学二年级的五门专业课程，包括三门专业基础课：国际金融、货币银行学、公共经济学；两门专业核心课：保险学，金融市场学，全部实现了网络辅助教学，便于了解网络辅助教学实际运行成效。

本次调查问卷，实收问卷 196 份，其中有效问卷为 196 份，有效率为 100%。调查对象中，女生 110 人，占 56%，男生 86 名，占 44%。问卷内容主

要从互联网网络辅助教学对学术效益、教学效益、实践促进效益三个方面进行评价。

2. 研究方法与评价指标体系构建

模糊综合评价模型分为三步：第一步，根据评价集和单一指标对评价集的隶属度得出单因素的模糊评价；第二步，通过唯一参照物比较法确立指标权重；第三步，将各个指标评价结果进行加权，通过层次分级得出评价对象的评价结果。

（1）构建指标集

将影响评价对象的主要因素构成评价指标级 U，$U = \{X_1, X_2, \cdots, X_m\}$

确定评价对象的因素集即确定评价指标。从网络辅助教学方面建立综合评价指标体系，共分 3 个一级指标，8 个二级指标，见表1。

表1　　　　　　　金融学专业网络辅助教学综合评价指标体系

	一级指标	二级指标
网络辅助教学	学术效益	是否为科研提供足够的辅助知识支持
		是否为科研提供辅助的科研能力支持
		是否为科研提供辅助的训练机会
	教学效益	能否提高解决问题的能力
		是否为课程提供较好的辅助知识支持
		能否促进学习兴趣
	实践效益	能否促进学生对学科新发展的认识
		能否促进学生更多地开展课外的学科实践

（2）构建评价集

将对评价指标可能做出的评价结果形成评价集 V，$V = \{V_1, V_2, \cdots, V_n\}$

共分为优，良，一般，差，极差五个档次，并且对各个评价分别赋值 5，4，3，2，1。即 $V = \{v_1, v_2, v_3, v_4, v_5\} = \{1, 2, 3, 4, 5\}$，见表2。

表2　　　　　　　　　　评价定量分级标准

评价值	评语	定级
$v \geqslant 4.5$	完全同意	E_1
$3.5 \leqslant v < 4.5$	基本同意	E_2
$2.5 \leqslant v < 3.5$	有点同意	E_3
$1.5 \leqslant v < 2.5$	基本不同意	E_4
$v \leqslant 1.5$	完全不同意	E_5

3. 单因素的模糊评价

对评价指标集中的单个指标进行评价，确定出评价指标对评价集中的隶属程度。设对评价指标集中第 i 个指标进行评价的时候，对评价集中第 j 个元素的隶属度为 r_{ij}，则第 i 个指标评价结果用模糊集合表示为：

$$R_i = \frac{r_{i1}}{v_1} + \frac{r_{i2}}{v_2} + \cdots + \frac{r_{ij}}{v_j}$$

将隶属度向量 R_i 乘评价向量 V，即 $R_i * V^T = E_i$

根据隶属度矩阵对评价体系中的二级指标进行单因素模糊评价。

国际金融课程学术效益下的二级指标单因素评价：

$$V_1 = R_1 * V^T = \begin{bmatrix} 0.5 & 0.34 & 0.14 & 0.1 & 0 \\ 0.39 & 0.31 & 0.24 & 0.04 & 0.01 \\ 0.35 & 0.32 & 0.23 & 0.09 & 0.01 \end{bmatrix} * \begin{bmatrix} 5 \\ 4 \\ 3 \\ 2 \\ 1 \end{bmatrix} = \begin{bmatrix} 4.33 \\ 4.01 \\ 3.84 \end{bmatrix}$$

同理得到各门课程各二级指标单因素评价结果，见表3。

表3　　　　　　　网络辅助教学二级指标单因素评价结果

	国际金融	公共经济学	货币银行学	保险学	金融市场学
学术效益					
是否为科研提供足够的辅助知识支持 (0.37)	4.32	4.11	3.99	4.05	4.21
是否为科研提供辅助的科研能力支持 (0.33)	4.00	3.85	3.79	3.87	3.98
是否为科研提供辅助的训练机会 (0.29)	3.83	3.85	3.60	3.86	4.04
能否提高解决问题的能力 (0.33)	4.09	4.03	4.05	3.98	4.14
教学效益					
是否为课程提供较好的辅助知识支持 (0.38)	4.12	4.00	4.02	4.11	4.14
能否促进学习兴趣 (0.30)	4.08	3.85	3.96	3.86	4.08
实践效益					
能否促进学生对学科新发展的认识 (0.58)	3.98	3.96	3.76	3.93	3.99
能否促进学生更多地开展课外的学科实践 (0.42)	4.05	3.89	3.78	3.87	3.89

注释：括号是权重。

指标评价以 1～5 五个分值衡量，得分越高说明指标运行情况越好，因此可以将得分平均分为 5 个区间反映指标运行情况：1.0～1.8 为"差"、1.8～2.6

为"较差"、2.6~3.4 为"一般"、3.4~4.2 为"良好"、4.2~5.0 为"优秀"。

从表3 二级指标的得分情况来看，虽然八个二级指标得分均未能达到4.2 以上的优秀，但也没有一般、较差和差，八个二级指标得分均在3.4~4.2，也即均为"良好"，其中"是否为课程提供较好的辅助知识支持"，五门课程得分均大于4.0，说明互联网网络辅助教学，取得了良好效果。

4. 模糊综合评价结果

采用 G2 – 法确定指标项权重。请评价组专家在包含 m 个指标的指标集 $\{X_j\}$ 中选取最不重要的一个且只有一个指标，将其记为 X_{jm}，其余的指标为 X_{ji}，$i = 1，2，\cdots，m-1$。给出 X_{ji}（$i = 1，2，\cdots，m-1$）和 X_{jm} 之间相对重要性比值 r_{im} 的估计区间 D_i，即

$$r_{im} = a_i \in [d_{1i}, d_{2i}] = D_i, i = 1, 2, \cdots, m-1$$

式中，$d_{1i} \leqslant d_{2i}, d_{1m} = d_{2m} = 1$

对于区间 $D_i = [d_{1i}, d_{2i}]$，令 $e(D_i) = d_{2i} - d_{1i}$

$$n(D_i) = \frac{(d_{1i} + d_{2i})}{2}$$

由于 L 专家给出的 D_i 之间存在差异，因此需要对各位专家的估计结果进行综合并得出一个理想的结果，因此设第 k 位专家给出的相对重要性比值的估计区间位 $D_i^k = [d_{1i}^k, d_{2i}^k], k = 1, 2, \cdots, L$

可以得到 $D_i^* = \cap D_i^k = [d_{1i}^*, d_{2i}^*]$，其中，$d_{1i}^* = \max\{d_{1i}^k\}$，$d_{2i}^* = \min\{d_{2i}^k\}$

$D_i^{**} = \bigcup_{k=1}^{L} D_i^k = [d_{1i}^{**}, d_{2i}^{**}]$，其中 $d_{1i}^{**} = \min\{d_{1i}^k\}$，$d_{2i}^{**} = \max\{d_{2i}^k\}$

令 $\lambda_i = \frac{1}{2L} \sum_{k=1}^{L} \frac{n(D_i^k)}{n(D_i^{**})}$，$i = 1, 2, \cdots, m$

作区间映射 $\varphi_{\lambda_i}(D_i^*) = n(D_i^*) + \lambda_i * e(D_i^*)$，$i = 1, 2, \cdots, m$

这时，有指标项权重 $\omega_j = \frac{\varphi_{\lambda_j}(D_j^*)}{\sum_{i=1}^{m} \varphi_{\lambda_i}(D_i^*)}$，$j = 1, 2, \cdots, m$，以及权重向量

$\omega = \{\omega_1, \omega_2, \cdots, \omega_m\}$

通过唯一参照物比较法（G2 – 法）对指标体系中各一级指标确定相对权重。表4 中指标项后括号内表示权重。取 ω 向量为权重，单一因素评价结果向量 $E = \{E_1, E_2, \cdots, E_n\}$ 进行加权，即 $E * \omega^T = v$，v 即为评价对象——金融学专业网络辅助教学的模糊综合评价结果，见表4。

表 4　　　　　　　　　　金融学专业网络辅助教学综合评价结果

	国际金融	公共经济学	货币银行学	保险学	金融市场学
学术效益（0.37）	4.07	3.94	3.81	3.93	4.08
教学效益（0.37）	4.10	3.96	4.01	3.99	4.12
实践效益（0.26）	4.01	3.93	3.77	3.90	3.94
学习评价效益	3.92	3.89	3.75	3.92	3.95
学习促进效益	3.96	3.94	3.84	3.89	3.96
综合效益评价	4.01	3.93	3.84	3.93	4.01
总效益评价	3.944				

注释：括号是权重。

综合评价结果显示，五门课程的互联网网络辅助课程总效益评价得分3.944，学术效益、教学效益、实践效益、学习评价效益、学习促进效益、综合效益评价得分也都在3.4～4.2的"良好"，其中国际金融、金融市场学评价得分更高一些。可见，南京农业大学的金融学课程通过互联网网络辅助课程教学改革之后取得了良好的成效，但未有一门课程得分达到4.2以上，说明仍然存在不足，距离优秀还有一段需要提升的空间。

三、高等院校金融学本科互联网网络辅助教学创新路径

根据上述调查问卷，可以看出，现有的金融学网络辅助教学还存在不足，在互联网金融下，高等院校金融学本科互联网辅助教学效果的提升，不仅仅只依靠互联网网络教学平台，还需要教师、学生与学校多方面的努力和探索，从而实现金融学教学资源最优化配置。

（一）提高金融学师资队伍整体素质和水平

无论金融学的教学手段如何创新，教师始终是改革的推动者，在整个金融学教学过程中起着至关重要的作用。在互联网金融下，首先，教师要看清楚金融学的现状，全面、深入地了解金融学的学术动态，学习国内外的先进教学经验，扎实提高自己的教学素质和水平；其次，教师要有创新意识，对网络辅助教学创新有自信和勇气，不要怕网络辅助教学创新会耽误时间，也不要担心创新会带来不好的教学结果，要敢于主动摒弃过时的教学理念和教学内容，利用

互联网辅助教学平台，及时更新内容；最后，教师要结合实际情况，了解金融业的发展和对人才的要求，制定新的教学目标和合理的教学计划，并将新的教学方法用在实际教学当中，不只是停留在理论阶段。

（二）开设互联网金融相关课程

以往高等院校在金融学本科生课程设置过程中，比较重视理论知识体系的完整性，而金融行业的新发展比较容易被忽略，导致开设的课程不能与时俱进，不能及时反映出互联网金融对于传统金融行业的冲击，以及对新型复合型人才的需求情况。以南京农业大学金融学本科专业课程设置为例，可对目前的课程设置及教学内容进行重新设置，学校可组织教师对互联网金融课程进行开发。由于可能涉及教材的编写，以及教学计划的制订，需要一些时间，可在相关课程开设之前，以交流会或者讲座的形式进行讲授，如开设互联网金融的发展、互联网金融对传统金融行业的影响等专题讨论会，对现有的教学内容进行补充。

（三）增加实务实践、教学模拟和竞赛

互联网与金融的结合，使得现在的金融学本科教学不能只局限于理论知识，教学内容应该改变以前重理论的观点，要适当地增加实践教学学时，以丰富学生的专业体验，有助于学生创新理念的树立，以及实践水平的提高。高等院校应加强与金融机构的联系，为学生多提供到银行、证券公司等金融部门进行实务实践的机会。此外，高校也应充分利用网络技术，借助模拟软件为学生创造金融交易的情景，提供模拟演练的场所。另外，由于学生可能会有惰性心理，造成自主学习能力不高，即使学校提供了模拟软件实时教学，学生课下也不一定会积极演练，为此，可以通过学校或者教师组织模拟环境下的竞赛活动，来调动大家参与的积极性。例如，每人分配相同数量的虚拟货币，在模拟软件中进行交易，一段时间之后，评选出收益最高的学生，进行经验分享，这样有助于提高学生整理、分析数据的能力，有助于对市场敏感度的培养。

（四）利用互联网辅助教学平台开展校际选修课

目前全国有很多高等院校都已建设互联网辅助教学平台，在信息化的时代背景下，不仅信息可以共享，高校之间也可以共享教学资源。由于金融学科知识更新快，不仅仅学生需要不断学习，而且金融学教师也需要不断补充自己专攻领域的新知识。为了丰富教学内容，提高教学质量，共享教学资源，可以通过各高校互联网辅助教学平台之间的互相合作，结合金融学的发展，选出自己的金融学精品课程，开设校际之间选修课，来实现教师资源共享，满足大学生的知识需求，开阔视野，有助于大学生专业综合素质的提高。

（五）充分利用互联网辅助教学平台，并量化到学生的平时成绩中

很多高等院校都在使用网络教学平台，在金融学教学当中，可以通过对网络平台的使用，提高教学效果和作用。为了让学生更多地关注金融学科的热点事件，培养学生对问题的独立思考能力，提高他们搜索信息，分析问题，解决问题的能力，任教老师可以鼓励学生在网络教学平台上积极发言，在相应的课程板块提出问题，或者分享自己关注到的金融事件以及自己的看法，甚至帮助其他同学解答问题等。教师可以经常浏览学生的留言，为自己的课程教学提供思路，丰富教学内容，可利用后台统计数据，判断出学生的活跃情况，将此作为学生平时成绩的一个参考。

参考文献：

［1］王小翠. 互联网金融背景下的金融教学创新［J］. 中外企业家, 2014（16）.

［2］玉素甫·阿布来提. 新技术环境下金融教学的创新［J］. 中国管理信息化, 2014（1）.

［3］骆志芳, 余元全. 网络经济下金融教学方法创新研究［J］. 经济师, 2004（10）: 280 - 280.

［4］原音. 新形势下金融教学模式创新初探［J］. 赤子: 上中旬, 2014（6）: 126 - 126.

［5］丰翔. 互联网时代国际金融课程教学方法探讨［J］. 厦门城市职业学院学报, 2014, 16（2）: 33 - 36.

［6］王晓军. 论现代金融人才培养与高校金融教学改革［J］. 当代经济, 2008（13）: 116 - 117.

［7］黄庆安. 互联网金融的发展与金融学专业教学内容改革探讨［J］. 福建广播电视大学学报 2014,（6）.

［8］刘标胜, 吴宗金. 互联网金融下的高职院校金融专业人才培养方案改革的探讨［J］. 职业教育旬刊, 2014（11）: 255 - 255.

［9］张超，李梅，丁妥. 互联网金融背景下金融教育改革探析［J］. 中国市场，2015（12）：18 – 19.

［10］金耀斌. 网络环境下的高校金融课程教学方法创新［J］. 知识经济，2014（15）：161 – 161.

金融学核心课程群 "网络教学平台" 的建设与应用研究[①]

——以江西农业大学为例

江西农业大学　张琴

摘要：本文以江西农业大学为研究案例，对金融学核心课程群"网络教学平台"的建设与应用进行研究，从建设目标、建设内容、应用情况、成果总结、存在问题、对策建议6个方面展开论述。文章认为项目建设取得了一定的成果，教学资料丰富、学生使用率高、评价较好，获得全校比赛第一名和校级教学成果二等奖；也存在着学生使用积极性有待提高、师生交流还需加强、教学资料的更新与搜索功能不强等问题，并给出了对策建议。

关键字：网络教学平台　金融学　核心课程群

教育信息化是促进高等教育改革创新和质量提升的有效途径，信息技术与高等教育的深度融合有助于推动教育教学改革、提高人才培养质量。特别是对于中西部地区高校而言，推动以网络教学平台为主要内容的教育信息化，有助于减少其与发达地区高校的数字鸿沟、推动教育公平、提高办学质量。国家对教育信息化极为重视，《国家中长期教育改革和发展规划纲要（2010—2020年）》明确指出，"信息技术对教育发展具有革命性的影响，必须予以高度重视。"《教育信息化十年发展规划（2011—2020年）》也重点提出"推进高校教育精品课程信息化建设"。特别是近几年来，国内外大规模在线开放课程（慕课）和学习平台大量出现，例如，Coursera、edX、Udacity、网易公开课、爱课程、好大学在线、学堂在线等纷纷出现，这既扩大了优质教育资源受益面，也给高等教育

──────────

①　本文得到江西省教育科学规划课题"江西省高校学生使用网络教学平台学习行为影响因素的调查分析"（12YB181），江西省高等学校教学改革研究课题"基于应用型人才培养视角的《商业银行经营管理》实践教学改革研究"（JXJG－12－4－2），江西农业大学教学改革研究课题"基于银行就业指导的《商业银行经营管理》教学资源库改革与应用研究"（2014B2ZC20）的资助。

带来新的机遇与挑战。对此，教育部提出要"以受众面广量大的公共课和专业核心课程为重点"，"鼓励高校建立不同教学需要、不同学习需求的在线开放课程群"①。

在教育信息化的时代背景下，2011年江西农业大学引进由清华大学教育技术研究院研发的"THEOL网络教学综合平台"，该平台在国内高校使用率较高、师生反馈效果良好。这为教师们探索和发展金融学核心课程群的网络教学平台建设提供了机会和平台。

课程群是指，为了完善学生的认知结构，把本专业培养方案中若干门在内容框架、知识体系等方面有逻辑联系的课，加以整合而形成的系列课程。江西农业大学团队对金融学多门专业课程进行研究分析，并结合师资力量与授课学生数量，选择《商业银行经营管理》《中央银行学》《货币银行学》《国际金融（双语）》《保险学》《计量经济学》6门课程作为核心课程群来进行网络教学平台建设。选择标准主要是：能覆盖金融学专业的主要内容，能包括"货币、银行、保险、证券、计量、双语教学"等方面。

本文将以江西农业大学为例，分析金融学核心课程群的网络教学平台建设和运用，分为建设目标、建设内容、应用情况、成果总结、存在问题、对策建议6个部分。

一、建设目标

传统课堂教学在传授知识、答疑解惑、教书育人方面有着一定优势，但随着信息社会的发展，面着"90后"、"95后"的学生群体，传统教学方式也日益表现出其弊端。在教学内容方面，金融在现实世界中发展飞速，而金融教学理论与金融实务严重脱节。在教学方法方面，主要还是采取"教师教、学生学"的填鸭式、灌输式的教学方法，学生的主体地位经常被忽视。在师生交流方面，高校教师的教学工作繁重、科研压力大，师生交流时间非常有限，质量也往往得不到保证，学生的学习兴趣点和教学意见反馈难以被教师有效认知，师生之间存在严重的信息不对称。

鉴于单一的课堂教学模式可能存在的不足，本团队设想如果把课程教学与网络教学结合起来，发挥网络教学平台的教学辅助功能，甚至探索建立一种混

---

① 教育部《关于加强高等学校在线开放课程建设应用与管理的意见》（教高〔2015〕3号）。

合教学模式，将有利于更好地开展教学活动，提高教学质量。因此，我们设定了以下建设目标。

（一）建立基于学生多元需求的金融学网络教学材料库。金融学专业课程难度大、对数学基础、逻辑能力的要求较高，专业课程之间也存在很强的联系性。在教学实践中，往往出现学生几节课听不懂，后面内容就跟不上的情况。而一门课程没有学好，又会影响后续课程的学习。而网络教学建设为学生提供了自学平台，利用网络课程无教学时间限制、无教学地点限制等优势，学生可以在课后及时查缺补漏。

越来越多的金融学专业学生有不同的职业规划和人生目标：直接工作、本专业考研、跨专业考研、考公务员、出国深造等。而课堂教学较为固化单一的知识传授方式，不能满足学生的多元化目标。基于网络的教学资料建设则可以在很大程度上弥补这一不足，能帮助教师更好地做到因材施教。教师可以把考研辅导、金融求职就业、出国考研等多种资料上传到平台，学生自取所需，教师也免去了每个班分别发送资料的麻烦。

（二）改革教学模式与教学方法。以网络课程为平台，将传统的以教师为主体的教学模式，转变为以学生为主体的教学模式，进一步加强学生的学习主动性。努力改变传统的"填鸭式"、"灌输式"的教学方法，探讨符合金融学的教学规律和新时代大学生心理特点的各种教学方法。采用启发式、讨论式、案例式、小组分组式、研究式教学、情境模拟等教学方法，做到传统与现代教学方法的有机结合，从而取得更好的教学效果。

（三）建立与健全多维度的"师生交流平台"。金融学专业核心课的教学难度较高，这对师生交流也提出了更高的要求，而传统大学的师生的交流较少。本项目充分利用网络教学平台的课程通知、问卷调查、教学邮箱等功能，建立一个多维度师生交流平台。

（四）创立多元、及时的"学生意见反馈平台"。传统的课堂教学的一大弊端就是忽略学生的学习主体地位，以教师为出发点和主体。至于学生对教学效果的反馈建议，由于学生意见的"碎片化"、信息不对称、收集信息成本高等原因，往往被忽视。而本项目充分利用网络教学平台的问卷调查、研究型教学、教学日记等功能，建立一个多维度、立体式的学生意见收集反馈平台，让学生对教学的评价、对教师的意见能及时反映出来，从而让教师能在信息对称的环境下改进教学方法，提高教学质量。

（五）搭建网络作业布置与回答平台。利用网络教学平台，建立网络作业发布与回答渠道。教师不再是唯一的知识库，学生从被动的学习者转变为学习的主人，而且也锻炼了学生文献检索、口头表达等多种重要能力。相对于纸质作业、网络作业的另一好处是可以便捷、长期地保留学生作业。

二、建设内容

清华大学教育技术研究院开发的"THEOL 网络教学综合平台"主要包括管理员空间、教师空间与学生空间。教师管理权限下的众多功能可以分成五大栏目：信息介绍栏目、教学材料栏目、互动交流栏目、作业试题栏目、教学管理栏目。其中，信息介绍栏目主要包括：课程介绍、教学大纲、教学日历、教师信息；教学材料栏目：课程通知、教学资源、视频上传、资料链接、教学笔记、个人资源等；互动交流栏目：答疑讨论、课程问卷、教学邮箱；作业试题栏目：课程作业、试题试卷库在线测试；教学管理栏目：选课班级管理、选课学生管理、学生学习统计、任课教师管理等。这些功能基本覆盖了网络教学所需，为开展网络课程建设与促进学生使用平台提供了优质保障。

下面重点介绍本核心课程群网络教学平台建设的一些重点模块，主要有：教学资源、答疑讨论、试题试卷库、在线测试、选课学生管理等。

（一）教学资源

金融学是应用经济学，除了理论学习外，如何能把理论运用于实务是非常重要的。《商业银行经营管理》《中央银行学》《货币银行学》《国际金融（双语)》《保险学》这些课程都非常紧密地联系着现实实务。现实世界中的商业银行、中央银行、保险公司、国际金融机构的业务变化非常快。而课程教学往往受到课时和教学大纲的制约，很多教学材料不能在课堂上解读，那么教师就可以把这些教学材料添加到网络教学平台。

本课的教学材料种类丰富：教学课件 PPT、数据案例、参考资料、课外讨论、视频案例、最新时事、经典案例、名词解释、课外阅读、考研资料等。为了方便学生快速找到自己想看的材料，教师们精心设置了材料标题和关键字，力图让学生看到材料的标题就能大致知道其内容和特点，以免让学生淹没在资料大海找不到方向，丧失学习兴趣。

在教学实践中教师们发现，学生对于金融相关的电影、纪录片相当感兴趣，有些视频也的确是学习金融的好案例，但是在课堂上播放的话，会占用上课时间。因此教师们把平时收集到的金融相关电影、纪录片、时事新闻、资料片等视频资料制作了一个"金融视频资料专题"。有反映巴林银行事件的电影《魔鬼交易员》、体现国外货币发行历史的纪录片《金融战争》、展示百年商行历史的资料片《交通银行一百年》、揭示 1998 年亚洲金融危机的多个纪录片以及许多金融时事新闻。在课后调查中，学生对于这些视频资料的评价很高，它们增加了学生对网络教学平台的学习兴趣，起到了把学生"引过来"的作用，当然把学生真正"留下来"的，还是专业知识讲解的文字材料。

金融学有大量的经典论文、名家专著、国外教材可以阅读，阅读这些经典名著对于增加学生的学习兴趣和提升学生的专业水平是非常重要的。借助于网络教学平台，教师上传这些材料，与学生共享，并在网上交流中引导学生阅读和思考。

针对金融求职就业，这一学生十分关注的现实问题，教师们收集和整理了中央银行、商业银行、银监会、保险机构等多个金融机构的多年招聘笔试和面试真题和讲解资料，并提供了多个求职网站的超链接，如"应届生网站""51JOB 网站""中华英才网""江西人才网"等，这一模块深爱学生欢迎。

（二）答疑讨论

答疑讨论栏目有课程讨论区、自动答疑、常见问题、邮件答疑 4 个模块。教师在课程讨论区中有发帖、回帖、删帖的权限，还有权限可以把帖子设为"置顶、精华、基本、热点、锁定、加为常见问题"等。团队教师经过排班，大家轮流在每周固定的时间上线，和学生交流，既回答专业知识问题，也和学生聊天谈心。如何引导学生积极参与帖子讨论一直是团队教师思考探索的问题。教师们发现，在课堂上提出一些问题并留在网上讨论，能把课堂教学和网络讨论结合起来，是比较好的做法。这样部分解决了网上发言信息不对称的问题，如某人发了很好的帖子，但是没有人回复，帖子也就淹没在讨论区里了。

在答疑统计中，我们往往会发现学生提出的有关于职业规划、是否考研、考什么证、人生烦恼等非课程相关问题更多。在教学实践中，我们发现，教师对于答疑讨论区的重视度，非常影响学生的网络学习兴趣。如果学生的发言不能及时得到教师的回复，他们往往会连带失去对答疑讨论区的兴趣，甚至失去了对网络教学平台学习的兴趣。另外，我们还发现，相对于平台自带的答疑讨论区，学生还是更喜欢用电话、短信或者微信、QQ 等即时通信工具与教师交流，因为这样得到快速回答的可能性更大。

几年的网络课程建设下来，教师们发现很多问题是每一届学生都会经常提到的，比如金融考证的问题，金融经济考研专业和学校选择的问题，求职银行对身高长相的要求问题，双学位修读的问题，求职单位选择的问题。那么教师就把大家都关心的问题设为"常见问题"，这样可以避免重复回答，学生也能看到前几届学生对这个问题的答复和看法。同时，教师还充分利用了自动答疑和邮件答疑的功能来拓展师生交流。

（三）试题试卷库

这一模板由两个部分构成，分别是"试题库"和"试卷库"。本团队教师不仅制作和上传了每章习题和历年考试真题，更重要的是，结合金融学要考的证书多、选择考研的学生多等专业特点，上传了银行从业资格、证券从业资格、保险从业资格、金融英语FECT、统计从业资格证的真题资料，以及多个名校的考研真题资料。这些资料开拓了学生的学习视野，使学生在课外可以不只围绕着教材学习，更能通过练习各种证书资格考试的真题来锻炼自己，提升专业知识的广度和深度。

（四）在线测试

现在很多名校都在推广"讲一练二考三"的教学模式，即要控制教师讲授课程的数量，增加学生练习量和拓展考试覆盖面。高校很多课程平时作业很少，甚至没有作业。究其原因，除了教学制度之外，很大的原因是因为高校教师的科研压力大、不愿意花时间在布置和批改作业上。而"在线测试"功能可以在很大程度上帮助教师减少重复批改作业的工作量。考虑到金融学核心专业课程的习题量大，练习多，在网络教学平台的帮助下，教师团队就可以省时省力地对学生进行平时测试或者期中测试，以便能在平时发现教学存在的问题。

教师在前期把"试题库"建设好（"试题库"模块相当于"在线测试"模块的题库），特别是要设置好题型、难度、分值、所属章节等关键词，那么就可以在"在线测试"模块中开展组卷测试，学生在规定时间内登录平台开展测试。教师可以选择"随机排列"题目，这使得每个学生的试卷题目一致，但题目排列顺序不同，这可以在一定程度上减少网络测试的不诚信现象。

（五）选课学生管理

这一栏目主要下列了"学生管理"和"学生学习统计"模块。网络教学平台已经和教务处信息进行了对接，教师可以选择把整个班的学生或者个别学生设置为选课学生。

"学生学习统计"是一个非常有用的模块，它追踪和记录了学生使用网络教学平台的学习行为，如登录次数、进入课程次数、上交课程作业次数、课程讨论区发表话题次数、阅读课程教学材料次数、参与课程问卷调查次数、在线时长、向教师提问次数、阅读试卷试题库次数等。网络教学为人诟病的一点就是教师无法有效地监管学生的网络学习行为，本团队的做法是对统计数据进行挖掘，把一些使用点击率高和使用效果好的学生挑选出来，进行表扬，以鼓励学生多使用网络教学平台。这一模块对于教学研究也有很大的作用，在研究学生网络学行行为规律时，这些数据是很好的研究资料。

三、应用情况

（一）受益学生人数多、学生使用率高。首先，本项目课程应用于经管学院金融学专业学生，学生访问率高、评价效果好。我们这6门课程是金融专业学生必修核心专业课，本项目为金融学专业学生提供了学习专业知识与交流互动的好平台。其次，本项目被推广到经管学院其他专业学生。经管学院有9个本科专业，所有专业都开设了本项目的一些课程。平均下来，非金融专业开设3门本项目金融课程。最后，本项目被大量应用于经管学院双学位专业授课，双学位学生来源于全校各个学院和专业。从这一角度来说，本项目推广到了整个学校层次。双学位学生对于双学位专业学习缺乏自信，也相对更需要教师的指导，网络教学平台在这里可以发挥更大的教学辅助作用。

（二）学生评价高，认同其高水平教学辅助作用。本项目采用江西农业大学信息中心统一设计的学生网络课程满意度问卷进行调查，结果显示，本项目授课学生中有90％，对本网络课程建设的效果表示满意或者非常满意。江西农业大学于2008年开设金融学专业，2012年开设金融学双学位，本项目是学生专业学习的重要平台和学科建设的关键抓手，对于这一新建专业起到了很大作用。

（三）依托本项目实践与研究，立项多项省级教学课题。基于网络教学的实践，教师们也在思考着如何更好地研究网络教学的规律和学生学习行为的影响因素，并把这些思考上升到了教育教学研究的高度，本团队基于金融学核心课程群网络教学平台的建设，申报并立项了多项省级课题：省教改课题"基于应用型人才培养视角的《商业银行经营管理》实践教学改革研究""计量经济学第二课堂建设";省教育科学规划课题"江西省高校学生使用'络教学平台'学习行为影响因素的调查分析"。这些课题既是网络教学平台建设的成果,也是延伸,用教学科研的成果把网络教学实践做得更好。

四、成果总结

(一)教学材料丰富、品种多样,深受学生好评。教学材料按章节顺序排列,便于学生查找资料。团队教师制作上传了丰富多样的教学材料以满足不同学生的学习需要,充分发挥借助网络发挥学生自主学习、个性学习的特点。本课的教学材料有:教学PPT、数据案例、参考资料、课外讨论、视频案例、最新时事、经典案例、名词解释、课外阅读等。教师还充分考虑到了学生的多元化学习需求,在平台中添加了金融学有关的考研、就业资料,把课程学习与就业实践、考研内容结合起来,打通教学的"最后一公里"。

(二)结合金融学核心专业课特点,通过网络辅助教学提高教学效果。金融学核心专业课的教学难度较高;很多学生在学习时有畏难情绪。平台运用后,不少学生反映网络教学平台能够帮助学生再次学习课堂上没有学会的内容;还有一些学生反映本课网络教学平台上有非常丰富的课外资料栏目,帮助大家拓展了专业视野。

(三)增加师生的沟通交流。教师利用课余时间来帮助学生解答专业知识的困惑、提高学生学习兴趣,不仅发挥了教师"学为人师"的职能;还能增加师生感情,引导学生形成正确的人生观价值观,更起到了教师"行为示范"的作用。

(四)视频资料丰富,深受学生喜爱。在"课程问卷"调查中,教师发现学生非常喜欢视频类的教学材料,而受上课课时限制,这些视频不可能在课堂上播放。在网络教学平台内容建设中,教师团队上传了很多经典教学视频案例,从语言上来说,有英文视频、中文视频、中英双语视频;从区域来说,有美国、日本、中国大陆和中国香港地区等;从题材来说,有金融人物视频传记、有重大事件纪录片、访谈资料片、电影、优秀电视节目等。在微课和慕课兴起的背景下,教师们也在自己录制微课上传,同学们可以用来做课前预习和课后复习,教师们也在利用这些微课尝试做翻转课堂。

(五)教学与科研结合,以教学实践指导教学研究,以教学研究服务教学实践。教师们主持多项以网络教学平台为对象的课题,教师们在线上开展对学生的相关问卷调查，在线下与学生沟通交流、座谈访问，并把这些科研成果应用到教学一线实际中，改进教学和网络课程建设，达到"课堂教学—教学科研—回馈教学"的效果。

（六）本团队在网络课程建设方面的努力也获得了学校的肯定与奖励。在课题立项方面，6门课程分别立项江西农业大学校级网络教学平台建设课题；并立项网络教学相关省教育科学规划课题1项，省教改课题2项。在教学比赛方面，在全校网络课程结题评审中，有三门课程获得校级"优质网络教学课程"称号。《商业银行经营管理》课程在全校第一届"优秀网络示范课程评选大赛"中脱颖而出，在100名评比课程中获第一名；《国际金融（双语）课程》在全校第二届大赛中获得第三名。在宣传推广方面，本团队教师并被邀请在全校"第一届网络教学平台课程培训会议"上作为唯一的先进教师发言。本团队网络教学方面先进事迹被刊登在《江西农大报》上。在教学成果申请方面，本团队凝练成果、总结经验，以"金融学核心专业课程群"网络教学平台"建设与应用获得江西农业大学校级教学成果二等奖，并获得学校推荐参加省级教学成果奖的评比。

五、存在问题

（一）学生的主动使用积极性还有待提高，学习效果也需加强。虽然本项目的点击率较高、内容也较丰富，但是在日常教学中，还是发现学生的使用积极性有待进一步提高。特别是在有效使用方面，大部分学生使用平台的目的还是下载上课资料、完成教师布置的作业等，学生自发的主动学习还是较少。很多学生下载资料后就闲置在电脑中，没有充分利用资料。

（二）师生交流数量、质量还需进一步加强。在网络教学平台的运用实践和问卷调查中，都发现学生更倾向于当面交流，或者是电话、短信、QQ等，因为这样能得到及时的回复。网络教学平台的师生交流方面是以论坛为主的，有时学生在论坛中发言却没有及时得到教师的关注和回复也是有可能的，而这会打击学生的网络学习积极性。而从另一方面来说，教师的教学、科研工作量大，花在网上回复的时间也的确不可能太多。

（三）教学材料还要进一步补充与健全。虽然在"教学材料"中的教学课件、教学案例、习题等资料丰富，但是为了进一步满足学生课外学习需要，还要继续经常跟进，补充材料，特别是在与时俱进方面，要切实结合考研与就业的热点提供相关的教学材料。

（四）课程资料缺乏"搜索"功能，学生难以快速找到资料。很多学生都反映，本项目建设的资料很丰富齐全，但平台没有资料搜索的功能。试想，随着课程建设的不断完善，课程资料会越来越多，那么学生进入平台很可能会被海量信息淹没，反而失去学习兴趣。

六、对策建议

（一）考虑到网络教学的特殊性，高校应对平台课程的后续建设给予一定教学工作量认定。通过调查，包括江西农业大学在内的大部分江西高校，进行网络教学平台课程建设是有一定经费的，但是一旦课程结题后，网络课程运营的经费就没有了。而网络课程是需要不断地增加新材料以反映学科、课程的专业进展与现实世界的发展的。那么这些收入为零的教学付出，无形中使得很多教师重课程申报，重课程结题，轻后续建设。而教师一旦停止建设和维护，学校花重金购买的网络教学平台就形同虚设。学校有关部门应该针对网络教学平台课题结题后的后续建设运营问题进行调查研究，出台相关鉴定办法，对于那些确实开展了网络教学建设的教师给予一定的工作量认定。

（二）开展混合式教学等多种教学方法改革，以提高学生的网络教学平台使用积极性。很多学生把平台视为一个下载资料的工具，教师应该积极开展结合课堂教学和网络教学的混合式教学，以引导学生更积极地利用平台上的学习资料。教师还应积极探索微课、慕课、翻转课堂等教学方法，真正切实地把线上教学与线下教学融合起来，以便解决网络教学和课堂教学割裂分离的问题。

（三）引导和鼓励师生在网上的交流沟通。网络教学平台不仅是资料平台，更是师生沟通的好场所。要解决在校学生上网难、上网不稳定的问题，要采取多种方法支持鼓励教师在网络教学上投入时间精力，更需要平台建设方开发出更有利于师生交流的软件工作。

（四）帮助教师解决资料建设、资料共享的问题。很多教师不愿意开设网络教学平台课程的原因就是教学资料制作花时间，而建设经费很有限，觉得不能做、做不好、做了也不划算。校方可以鼓励以教研室为建设团队、进行精品课程立项、加大经费支持、开展多种竞赛活动、在评定职称时给予一定考虑等多种方法，以利于教师加大对网络教学的投入。

还有一些教师担心课件上传影响学生上课积极性的问题，更有些教师担心引用其他高校、媒体的资料会不会引发知识产权侵权的问题。这些问题需要学校在相关文件中界定网络教学平台上的资料的性质和使用范围，也要举办相关的培训，解答教师们的疑惑。

参考文献：

［1］段玉玺，江红霞，李竹林等．高等农业院校本科网络教学平台建设的研究与实践［J］．高等农业教育，2011（11）：55－57.

［2］秦利波，宋言东．应用型本科院校网络教学平台构建模式研究［J］．现代教育技术，2015（3）：76－83.

［3］任英华，熊建练．货币与金融统计学网络教学平台开发设计研究［J］．现代化远距离教育，2008（2）：23－25.

［4］周华丽，焦婧，韩忠强．高校教师网络平台体验行为的实证研究［J］．中国远程教育，2014（4）：57－61.

［5］Colman, D. MOOC Interrupted：Top 10 Reasons our readers didn't finish a massive open online course ［EB/OL］. http：//www. openculture. com/2013/04/10_ reasons_ you_ didnt_ complete_ a_ mooc. html, 2013－04－10.

［6］Lei, J. Quantity versus quality：A new approach to examine the relationship between technology use and student outcomes ［J］. British Journal of Educational Technology, 2009（41）：455－472.

互联网背景下我国金融人才教育发展问题探讨

江西财经大学　舒海棠

摘要： 互联网金融的发展为我国高校的金融学教育改革带来了新的机遇和挑战。在这一背景下，本文试图结合互联网金融的时代特点、金融的基本功能、未来经济环境的发展方向，对我国金融人才教育发展问题进行探讨。本文认为，在互联网背景下，对于金融人才的培养，一方面应该与时俱进地调整各层次金融人才培养体系和课程设置；另一方面，应加强金融基础理论的教学，重点突出基础理论随着时代发展所延伸出的新形式和新特点。另外，不同层次的大专院校更应该根据自身的优势和特点，积极全面构建和培养多层次的金融人才，做到"因人、因校、因需"施教。

关键词： 互联网　金融　人才培养　教育

互联网金融的发展最早可以追溯至美国的安全第一网络银行（1995年）。最近十年，随着互联网技术、信息技术的迅猛发展，金融业务依托这些技术在全世界不同地区得到飞跃式发展和快速传播。

互联网金融在中国得到爆发式发展始于2012年，在2013年诸如P2P平台、众筹等不同类型的新兴金融业态得到了迅猛增长。2014年以来，互联网金融继续保持高歌猛进的态势，余额宝的推出使得互联网金融更为普通大众所知。互联网金融业态的发展一方面冲击着传统金融，另一方面也在一定程度上倒逼着中国金融体系的改革（如利率市场化等）。李克强总理在2014年政府工作报告中明确提出了"互联网＋"行动计划，将"互联网＋"模式提高到了前所未有的高度，这进一步加速了互联网与各行业融合的热情，互联网金融的迅猛发展亦引起了金融学界和业界以及政府监管机构等社会各阶层的高度关注。

互联网金融的业态不断涌现，以商业银行、证券公司以及保险公司等为主题的传统金融机构带来巨大的冲击，使得金融行业对金融人才的需求发生了巨大的变化。这一新的变化对我国高校的金融学教育带来了激励和反思，为我国金融学教育改革和创新提供了难得的机遇。在这一背景下，如何应对互联网金融的发展对金融学人才需求的变化，适时地、与时俱进地推动大专院校金融学教育教学和人才培养方案和制度的改革，是当前高校金融教育教学工作的一项重要课题。

在这一背景下，本文试图结合当前互联网金融的时代特点、金融的基本功能、未来经济环境的发展方向，对互联网背景下我国金融人才教育发展问题进行探讨。

一、文献回顾

互联网金融业态的不断涌现极大地挑战了现有的金融人才培养机制，一方面，这些业态所涉及的许多知识都是现有金融学教育所缺失的，另一方面，这些业务的发展是金融与互联网、大数据等技术结合的产物，因而对人才的素质和技能提出了更高的要求。在这一背景下，大量学者对互联网时代高校的金融学教育及人才培养等问题进行了广泛的思考和论证。

王超（2014）则认为互联网金融与传统金融的区别并不是改变的金融资金融通的本质，而是改变了金融的形式，这种形式的改变使得信息的传播更快，投融资主体之间的信息不对称、信息不完全可以一定程度上得到缓解。刘标胜和吴宗金（2014），张超等（2015）以及王小翠（2014）等一致认为互联网金融已经彻底改变了传统金融业务的运作模式，互联网金融的发展也对现行教育机制提出了更高的要求。互联网金融发展为进一步完善金融学相关的职业教育教学提供了难得的契机，将会对教学内容和方法、教育理念产生巨大的挑战。

王超（2014）认为互联网金融的发展对金融人才培养和教育的影响既要面对挑战，亦要抓住机遇，他认为这一发展的机遇在于互联网金融的迅猛发展带来了就业需求的显著增加，为金融学的职业教育改革和发展提供了难得的契机。而面对的挑战在于两方面，即对教学内容和方法的挑战与对金融理念的挑战。

刘标胜和吴宗金（2014）以江苏经贸职业技术学院为对象，研究了该学院在金融人才培养方面的经验和不足，以此为基准深入剖析了当前大专院校在金融教育教学方面普遍存在的通病：培养目标滞后、课程建设缺乏创新、课程内容陈旧，教学手段单一。

针对以上问题，国内学者普遍认为，作为金融人才培养基地的高等院校应当跟上时代发展的步伐，与时俱进，为适应金融人才培养的需要，改进原有的培养模式、培养目标和课程设置。

国内众多学者提出了更为具体的建议。这些建议大致可以归纳为以下几个方面。

（1）当前我国各大专院校的金融学培养模式对金融人才的培养已无法满足互联网金融行业对人才的需求，培养具有金融、互联网、信息技术、管理以及法律等多学科交叉知识的复合型人才应成为高校的一个重要目标（李东荣，2013；赵海荣，2014；王小翠，2014）。

（2）互联网背景下各大专院校的金融学教育教学方案、课程设置以及师资配比应当与时俱进，同时加强互联网金融相关专业和课程的师资人员建设，倡导教师的研究性教学与学生的研究性学习以及学科融合的教学模式（张超等，2015；赵海荣 2014）。

（3）除了理论教学之外，还必须加强实践教学、案例分析教学，同时加强与金融机构的合作，实现资源共享（王小翠，2014；赵海荣 2014）。

（4）金融学与互联网科技、信息技术、数学等学科的交叉融合，使得金融学的教育和培养呈现出"自然科学化"的现象，为适应互联网金融发展对高端金融人才的需要，必须重新调整和设计课程内容，强化互联网金融相关学科基础能力和知识的培训和锻炼（刘标胜和吴宗金，2014；张慧瑶；2014；莫易娴和刘仁和，2014；赵海荣，2014）。

关于互联网背景下金融人才的培养，国内学者更多地是从"互联网＋"金融对传统金融的冲击，进而分析这一新的互联网金融业态的发展对金融人才所提出的新需求和新要求。相对于此，国外对这一问题的研究相对较少，国外学者更多地是从一种宏观的层面去分析互联网技术的不断发展对教学方式和人才培养方式的影响。Jashari（2012）认为互联网信息技术使得远程教育和网络公开课被广泛熟知，通过远程教育，学生可以自主选择优秀高校的课程，获得更高的教学质量。Klimova（2015）互联网背景下，信息技术的发展对教学方式和学习途径产生了显著的影响，通过网络进行学习似乎已经成为一种趋势，相对于单独学习，通过网络我们可以学到更多更广的知识。在这样的环境中，老师不再是课堂的权威，而更多的是起到引导学习的作用。

当前文献普遍认为互联网背景下，金融人才的培养应该跟上时代发展的步伐，与时俱进。因此，金融人才培养目标、课程体系都应该进行调整。但当前文献仍存在以下不足和问题：一是过度强调高端的复合背景金融人才的培养，但实际上互联网时代对金融人才的需求是多样化，多层次的。二是金融人才的培养过于统一化。由于人才需求的多层次特点，互联网背景下，不同大专院校在金融人才培养模式、培养目标和课程设置方面不能一概而论。三是过多强调互联网金融对传统金融业务和金融人才培养的挑战，但其实互联网金融更多的是传统金融依托互联网、大数据等新技术所进行的延伸。

二、互联网发展对金融人才的新要求

（一）互联网金融的涵义

互联网金融这一概念已经被广泛使用和了解，对互联网支付、P2P 网贷、众筹融资等典型业态分类有比较统一划分，但无论学术上还是实际操作中尚不存在统一的文件定义互联网金融这一概念。中国人民银行在《中国金融稳定报告 2014》将互联网金融定义为：是互联网与金融的结合，是借助互联网和移动通信技术实现资金融通、支付和信息中介功能的新兴金融模式。

因此，有部分学者认为，互联网金融模式可以视为利用大数据、移动支付、搜索引擎、云计算等现代互联网和信息科技手段开展资金融通的第三类金融模式（贷款为主的间接融资和发行股票债券为主的直接融资），其发展将会对以金融机构为主体的传统金融体系产生颠覆性的冲击和影响（张超等，2015）。

本文认为，互联网的本质是改善了金融市场参与各方的信息集，而信息不对称和信息不完全是引致金融风险的一个重要因素。互联网与金融的结合更应该是基于改善的信息流，以更低的成本、更信赖的方式，降低买卖交易信息不对称，扩大金融服务和受益的主体和领域。因此，与其说是金融创新，不如说是金融完善自我的本能。

在互联网背景下，互联网金融是金融功能的自我优化和完善，互联网所具有的"开放、平等、协作、分享"的特点，使得互联网金融业务具有高透明度、远程性、低成本和高参与度等一系列特征（王超，2014；张慧瑶，2014；张超等，2015）。

（二）互联网金融新业态对金融人才的新要求

1. 高端互联网金融人才需要复合背景

在互联网背景下，互联网金融是集金融、信息技术、法律、大数据等多学科于一体的新的金融业态，这必然意味着互联网金融是需要尖端、复合型人才的技术性产业。当前，我国各大专院校的金融学教育教学制度培养出的传统金融人才已无法满足互联网金融对高端金融人才的高需求，需要适时转变金融高端人才培养的思路和模式。互联网金融行业需要大量兼具金融、信息技术、管理等知识的人才，此外，作为互联网产品设计的高级人才同样需要具有扎实的法律知识，因为任何互联网金融的创新，都是"法律 + 技术"的创新。

互联网金融中，现代计算机技术对金融运作方式产生了十分重大的影响，因而计算机和网络应用知识显得尤为特别，这也对金融人才的培养提出了新的要求（李东荣，2013；赵海荣，2014；王小翠，2014）。

2. 一线员工需要扎实业务水平

传统金融业务往往具有非常标准化的操作流程，高度的监管与行业垄断致使金融机构本身创新动力不足。而互联网时代遵循"开放、平等、协作、分享"的理念，高效、创新、多样化以及低成本是互联网金融相对于传统金融业务最大的优势和特点，互联网金融作为新生事物，不仅没有被传统金融所压制，反而能够获得迅猛的发展，一个重要的原因就是互联网金融吸收了互联网时代的精髓，其提供的服务和业务恰恰是传统金融所无法提供或者不愿意提供的。因此，互联网金融一方面是一个集金融、互联网、大数据等于一身的技术密集型的高大上行业，另一方面其也是一个需要数量庞大的、理论基础扎实、业务熟练的一线员工全面配合的草根行业。

这一特点导致互联网背景下，对金融人才需求呈现多层次、差异化特点。互联网金融既需要具有金融、法律、互联网、大数据等复合背景的高级人才，同样也需要能够深入一线、具有扎实业务知识、同时非常接地气的一线业务骨干。

3. 应当具有不断自我学习的能力

互联网背景下，各种事物依托信息技术和通信技术的发展，不断延伸和转化成不同的形式和内容。互联网金融也是金融依托互联网的不断发展而衍生出的新功能、新形式，而且有理由相信，这种不断变化和自我革新的趋势会长期存在，是事物不断完善自我的本能。因此，在瞬息万变的互联网经济环境中，唯有具备不断自我学习能力的人才，才会主动刷新自身知识能力结构，才能不断突破自身的眼界和约束，形成对知识更高层次的理解，才能不断创新和进步。因此，时刻保持自我学习的能力是互联网背景下成为尖端金融人才的关键。

三、我国金融人才培养存在的问题及成因

随着改革开放的不断推进，中国金融资本市场得到快速的发展，证券、基金、保险、信托等金融机构发展迅速，各种金融业务普遍开展。截至 2014 年年末，我国银行业国内信贷总规模规模达到 107.7 万亿元，基金旗下管理的公募基金总规模为 4.54 万亿元，基金管理公司及其子公司专户业务规模达到 5.88 万亿元，证券公司资产管理业务规模达到 7.95 万亿元，信托业管理资产增至 13.98 万亿元①。与此同时，金融行业的监管者们也高度重视人才发展，大力实施人才发展战略。在这一过程中，作为金融人才孕育基地的各大专院校起到了巨大的作用。但随着时代的发展，当前我国大专院校的金融人才培养目标、培养方式、课程设置、师资建设都存在较为严重的滞后，无法完全适应和满足互联网背景下行业对金融人才的要求。主要表现为：

（一）培养目标过于宽泛

各大专院校普遍以"培养德、智、体全面发展，具有扎实专业知识的高级金融人才"为目标（或类似口号），尽管这一目标从宏观上给出了金融人才培养的大方向，但在具体培养具有紧随时代发展变化的金融人才时，这一目标就显得过于宽泛，无法具体实施。

而在互联网时代，随着金融与互联网技术、信息技术等学科的不断融合，金融服务的新形式、新业态得到快速的发展，相应地对高素质的金融人才提出了更为严格、更为苛刻的要求，不能泛泛而谈。

（二）专业差异不明显

同各类专业设置一样，对于金融学，国内高校普遍也是采用本、硕、博三级设置，同时在金融学下常设国际金融、货币银行、金融工程、证券投资等不同专业。尽管在金融学下还设置了不同的学科，但从实际情况来看，所学内容并无明显差异，导致金融学下各专业学生技能和知识结构并无明显差异。此外，许多学校的硕士课程过少，而且与部分高年级本科课程存在重复，不利于不同

---

① 数据来源：中国证券投资基金业协会 http：//www.amac.org.cn/tjsj/xysj/zqqhjyjgzcglywtjsj/388218.shtml；中国信托业协会 http：//www.xtxh.net/xtxh/statistics/22930.htm；中国人民银行 http：//www.pbc.gov.cn/publish/html/kuangjia.htm？id＝2014s05.htm。

层次人才的差别培养。

（三）课程设置滞后

早期金融学教育偏向于宏观金融理论（国际金融、货币银行等）的讲授，此外，由于教学计划及采用的教材几乎都在教学的数年之前，这使得教学课程设置存在滞后和不合理。大多数院校本科的课程强调对基础金融学的理解和认识，而研究生的课程则强调对学科理论的研究和学习。这一课程设置缺乏对当前不断变化的金融市场和行业论述，这一现象导致，一方面直接接触一线业务的本科生业务技能不够娴熟，另一方面进行学术和理论研究的博士生和硕士生由于缺乏实际业务知识，所进行的研究往往被指责为"象牙塔里闭门造车"。

四、互联网背景下金融人才培养国际经验借鉴

在我国金融人才教育由规模发展转向内涵发展的现阶段，复合型金融人才培养已成为需要着重解决的问题。研究和分析国外办学思想和实践模式的相关经验，将有利于我国互联网背景下金融人才培养的健康发展。

（一）学习日本校企联合、产学研结合的培养模式，培养实践型金融人才

20 世纪 90 年代，随着日本泡沫经济的破灭，日本国内对经济的长期低迷进行了深刻的反思，与此同时，日本高等教育模式亦受到很多抨击和指责。随后日本高等教育开启一轮新的改革，日本高等教育改革的一个重要举措就是十分注重和加强学生的实践能力，同时强调创新人才的培养。这一改革思路促使日本对人才的培养坚持：人才培养与推动产业发展并重，注重高校与企业的合作，培养的人才能够走出象牙塔，更接地气。这种培养模式和思路能够为行业推送大量适应企业需求的人才。

互联网背景下，金融的发展瞬息万变，新兴的互联网金融业态不断出现，大学教育培养的创新和尖端人才，只有到企业中去，接触最新的行业业务，才能了解和发现行业的最新趋势和发展方向，才能更加适时地挑战自身知识结构和学习目标，才能迎合企业和行业的发展需求，提升自我竞争力。

（二）学习美国自由讨论、启发式的教学模式，培养创新创业型金融人才

美国对人才的培养素以课程灵活、讨论自由、科研丰富以及以学生为中心

著称。在美国大学，任何人可以去旁听任何自己感兴趣的课程，并参与课堂讨论。学校为了鼓励学校师生的讨论和交流，一方面会邀请世界学术顶级教授参与研讨会与学生进行近距离互动，另一方面，他们会邀请业界杰出校友探讨企业管理或创新创业经历。在这一过程中，学生不仅可以与高校教授讨论学术，亦可以向业界杰出人才了解行业最新动态。这一培养模式使得美国培养的学生，尤其是高端人才，留学校是能够为科研做贡献的创新人才，出社会是能够引领行业新风向的创业型人才。

互联网背景下，互联网金融作为一种新鲜事物，一方面需要业界人才不断对各种可能的模式和业态进行尝试，另一方面也需要高校科研人才对这些新事物进行深入分析，去糟存精，提炼相关理论和规律，以进一步指导新的实践。所以在互联网背景下，美国的学术课堂与社会创业的培养模式是值得借鉴和学习的。

（三）学习德国"二元制"应用型人才培养模式，培养互联网金融一线应用型人才

德国工业经济异常发达，一个重要的原因是德国的大部分工业生产都是标准化的流水线操作，标准化的生产模式使得德国产品以性能优异，做工精准著称。这一结果很大程度上源于德国在培养技术性一线人才时所采用的"二元制"培养模式，即学生的整个学习过程被分为两个相辅相成的阶段：企业学习阶段和职业学校学习阶段。这样的培养模式培养出来的人才，一方面学习了基本的理论知识，另一方面由于在企业学习工作，对于一线具体业务和操作都具有极好的熟练程度。

互联网背景下，德国这一"二元制"应用型人才培养模式尤其适合互联网金融一线骨干的培养和锻炼。如前文所述，互联网金融是一个需要数量庞大的、基础理论扎实、业务熟练的一线员工全面配合的草根行业，"二元制"应用型人才培养模式恰恰可以为互联网金融行业培养大批的业务熟练的一线骨干员工，从而极大地提升互联网金融服务的用户体验。

五、互联网背景下完善我国金融人才培养的对策建议

Merton（1995）指出"实际经济生活中，金融体系的重要组成部分并不是各类金融机构，而是这些金融机构所实现的功能"，这就是后来产生广泛影响的

"金融功能观"。

由此看来，互联网金融与传统金融的区别并不是改变了金融资金融通的本质，而是改变了金融的形式，改变了金融功能所依托的机构，这种形式的改变使得信息的传播更快，信息不对称的问题部分得到解决，参与金融的主体更加多元化，这些都对金融人才的市场需求和要求产生了巨大的变化。颜嘉川等（2014）认为金融学本身作为应用经济学的一个分支，其人才培养呈现以需求为导向的特点，但过于追求务实，被动满足人才需求，亦可能会使得人才培养方案落伍于时代要求，本身是不可取的，金融学人才培养同时也应该注重创新思维的塑造和锻炼。因此，互联网背景下，对于金融人才的培养我们有如下建议。

（一）加强金融学基本理论教学

本文认为，互联网金融模式的创新并没有改变金融资金融通的本质。互联网的本质是改善信息流动，而信息不对称是引发金融风险的一个重要因素。互联网与金融的结合更应该是基于改善的信息流，以更低的成本、更信赖的方式，降低买卖交易信息不对称，夸大金融服务和受益的主体和领域。因此，与其说是金融创新，不如说是金融完善自我的本能。

当前学者的研究和建议多注重对互联网金融业态的描述，甚至认为其将彻底颠覆传统金融行业的原因是：（1）互联网金融新业态借助互联网技术进行，其相对于传统金融业务存在巨大的活力与新鲜感，并且表现出极大的便捷性和创新性。（2）对金融的本质缺乏彻底的理解，因而当金融功能以新的形式（互联网金融业态）出现时，误以为一种不同于传统金融的新的事物出现了。

造成以上现象的另一个重要原因是，金融学教育和教学中对金融学本质和基础理论的教育存在缺陷，许多金融学专业学生对金融问题知其然，而不知其所以然，在互联网背景下，对金融表现出的新形式、新特点措手不及。本文认为，互联网金融新业态的出现并没有改变金融资金融通的本质，金融教育教学应该加强金融学基础理论的教学，同时重点突出基础理论随着时代发展所延伸出的新形式和新特点，时代在变，但理论规律未变。只有这样，随着时代的变迁，金融人才才能自如应对新的技术、新的环境所提出的新要求，才能在瞬息万变的经济社会中以不变应万变，快速适应金融行业发展的新潮流。

（二）顺应时代发展，优化课程设置

传统的金融学教育主要涉及基础的金融学知识，如国际金融、货币银行、证券投资、公司金融等，这些课程的知识构成了金融学科的基础理论知识，是金融学学生的必修课程。其基础性特点决定了其涉及的知识相对滞后，无法随着时代的变化而及时和全面地更新。因此，在互联网背景下，各大专院校可以结合自身特点，依据新金融业态对金融人才能力和知识的需求，增设相关课程。

互联网金融是一个融金融学、数学、信息技术、大数据和统计学等学科于一身的复合型行业。集金融、大数据、互联网技术、管理以及法律等多种知识和技能于一身的尖端金融人才，将是互联网金融行业长期的中流砥柱（张慧瑶，2014）。

因此，各大专院校可以适度增加诸如互联网技术、大数据分析、金融计量统计分析等课程，以适应互联网背景下对金融人才的新需求。

（三）因才、因需、因校的多层次特色人才培养

如前文所说，互联网背景下，对金融人才需求呈现多层次、差异化。其一，不同的学生具有不同的特长和能力，不能一概而论说培养成互联网金融人才。即便互联网金融最近几年快速发展，其在整个金融业的占比仍然很低。金融人才是多方向的，应依据学生自身能力和特点，因材施教。其二，互联网金融既需要具有金融、法律、互联网、大数据等复合背景的高级人才，同样也需要能够深入一线、具有扎实业务知识、同时非常接地气的一线业务骨干。因此，应依据金融实业对人才的需求状况，因需施教。其三，不同大专院校的优势和强项科目不同，配备的师资能力也各有千秋，因此，不同大专院校也需根据自身的能力和优势，因校施教。

互联网时代的特点就是"开放、平等、协作、分享"，只有真正因人施教、因需施教、因校施教，才能对不同学校、不同学生实行分类培养，设计不同的基础课程、专业必修课程、专业选修课程以及实践课程，由此才能培养出复合时代要求和行业需求的多层次、差异化和多元化的金融人才。

基础金融学理论和业务知识是金融人才培养的基石，这些知识是金融学区别于其他学科的关键，是金融学人才的核心竞争力。但仅有这些知识是不够的，其基础性决定了其滞后性，无法及时更新以满足时代的新要求和企业的新需求。因此，在基础金融学理论知识学习的基础上，培养学生的创新思维和学习能力也是尤为重要的。当前互联网金融业态，例如P2P、众筹、在线保险、余额宝等，都是金融依托互联网和大数据所进行的业务创新。只有时刻保持创新和学习能力，才能不仅不被时代淘汰，甚至能够引领时代发展。

（四）高校课程资源共享，实现优势互补

互联网时代的特点就是"开放、平等、协作、分享"，通过互联网不同高校可以将自身的优势资源和优秀教师的课程上传至网站，一方面，可以扩展本身的知名度，获取更多的改进意见；另一方面，不同高校的课程共享，可以为更为广泛的人群提供专业的金融学教育教学，增强全民金融意识。同时吸引其他学科的人才参与金融，有利于培养自主学习的金融复合人才，满足互联网金融背景下，新金融业态对高端金融人才的需求。

参考文献：

[1] 李东荣．大数据时代的金融人才培养 [J]．中国金融，2013（24）：9－10.

[2] 刘标胜，吴宗金．互联网金融下的高职院校金融专业人才培养方案改革的探讨 [J]．职业教育（下旬刊），2014（11）：28－30.

[3] 莫易娴，刘仁和．论我国"互联网金融"人才的培养 [J]．金融教育研究，2014（3）：66－68.

[4] 王超．互联网金融的发展对于高职金融专业人才培养的影响分析[J]．企业改革与管理，2014（20）：80.

[5] 王小翠．互联网金融背景下的金融教学创新 [J]．中外企业家，2014（16）：231.

[6] 颜嘉川，王年咏，高云玲．中国金融业的发展趋势及其人才培养指向 [J]．中国农业银行武汉培训学院学报，2014（1）：16－18.

[7] 一行三会．金融人才发展中长期规划（2010—2012 年）[Z].2010.

[8] 张超，李梅，丁妥．互联网金融背景下金融教育改革探析 [J]．中国市场，2015（12）：18－19.

[9] 张慧瑶．互联网金融时代高职院校人才培养模式探析 [J]．才智，2014（22）：88.

[10] 赵海荣．对互联网金融时代高校金融教育的思考 [J]．品牌（下半月），2014（10）：203－204.

[11] Merton，R．A Functional Perspective of Financial Intermediation [J]．*Financial Management*，1995（24）：23－41.

［12］ Jashari，H. Master Study Programs and New Educational Technologies ［J］. *Social and Behavioral Sciences*, 2012（46）：2378 – 2382.

［13］ Klimova B. Teaching and Learning Enhanced by Information and Communication Technologies ［J］. *Social and Behavioral Sciences*, 2015（186）：898 – 902.

第四篇

中国金融教育教学方法与特色教学研究

优化教学内容与创新教学方法：
培养研究生问题意识
与创新精神的有效途径

——基于硕士研究生《国际金融》课程建设的体会与思考

上海对外经贸大学金融管理学院　吴腾华[①]

摘要：培养研究生的问题意识和创新精神是研究生教育教学改革的根本目标和核心内容，而优化教学内容和创新教学方法则是培养研究生问题意识和创新精神的有效途径。其中，教学内容的优化具体包括教学目标设定、教材内容设计（分为五个模块：理论导读、热点讨论、案例分析、问题思考与延伸阅读文献）与考核方式调整等；教学方法的创新具体包括导读式、案例式、课题式、沙龙式、专家式、模拟式和实习式等。因此，完善和创新金融研究生的教育教学方法必须从课程建设抓起，并要精心组织和科学实施。

关键词：研究生教育教学　问题意识与创新精神　教学内容优化　教学方法创新

深化研究生教育的综合改革，既是积极落实全国研究生教育工作会议精神的基本要求，也是进一步创新培养模式与提高人才质量的重要内容。其中，培养研究生的问题意识和创新精神是研究生教育教学的重要核心内容。那么，在建设创新型国家战略的大背景下，如何加强研究生的问题意识和创新精神的培养？其有效途径是什么？对于上述问题的探索和研究无疑具有重要的现实意义。本文将结合我院主持完成的上海市教委"085工程"建设项目——学位点公共平台建设（金融学硕士研究生《国际金融研究》精品课程建设）的具体教育教学过程，谈一些体会和思考。

---

① 吴腾华：经济学博士，金融学博士后；上海对外经贸大学金融管理学院教授，硕士生导师；电子邮箱：wuth525@163.com。

一、培养"问题意识"和"创新精神"是研究生教育教学的核心内容

研究生教育是培养高端人才的重要途径和国家创新体系的重要组成部分，也是高等教育大众化时期教育质量和国际竞争力的集中体现。但同新形势对研究生教育提出的更高要求相比，我国研究生教育仍有很大差距，主动服务国家大局的体制机制仍不完善，培养模式与经济社会发展的多样化需求还不适应，学生创新和实践能力尤为不足。因此，需要进一步深化研究生教育改革，推进研究生教育的内涵发展。

所谓研究生，顾名思义就是以研究为主的学生。从学习任务上看，研究生的根本任务是学会做研究。在学习方法上，研究生不能像大学本科生那样，简单地听课做笔记，而要学会进行研究性学习。例如，研究生必须要与老师多对话，不能只听老师讲，而要更多地与老师讨论，要敢于主动地讲自己的学习体会。可见，在培养目标上，研究生的培养目标就是提高研究生的研究能力。那么，在研究生培养方面，如何提高研究生的研究能力？我们认为，需要注意以下几点。

第一，要培养问题意识。研究生对某一问题提出质疑是做好科研工作的重要前提。带着问题去学习，在学习中发现问题，在科研中解决问题。科研工作是非常艰苦的，会经常遇到像"大山"一样的科学险阻，你必须具备良好的心理素质和爬"大山"的勇气与信心。在科研攻关的过程中，对研究课题的兴趣爱好十分必要。孔子曰："知之者不如好之者，好之者不如乐之者。"其含义就是说了解某个事情不如喜欢这个事情，喜欢这个事情不如痴迷于这个事情。只要你痴迷于某个研究课题，就一定能够获得创新性研究成果。兴趣可以使人的思维从散乱状态进入活跃状态，调动研究者的创造性思维；兴趣还可以使研究者产生百折不挠的探索精神、毅力和勇气，从而形成对研究对象的高度专注与执着，主动排斥外界的一切诱惑和干扰，不计得失、不求名利、耐得住寂寞、坐得住"冷板凳"。所以，只有对研究课题产生了浓厚兴趣，才能最大限度地发挥人的积极性、主动性和创造性，从而有所发现、有所发明、有所创造。

第二，要具有创新精神。科研的精髓在于创新。没有创新就不能称其谓成果，只是废纸一堆，浪费你的宝贵时间和青春年华，无益于科学发展，无益于社会进步。因此，必须要有批判性思维和创新意识，不迷信权威，不被现有的

研究思潮所束缚。在确定科研目标时，一定要瞄准科学前沿，敢于涉猎前人未涉及的研究领域，敢于质疑学术界敏感的问题，善于从新角度研究老问题，善于捕捉社会发展过程中出现的新课题。大家一定要记住韩愈在《劝学解》中的一句话："业精于勤，而荒于嬉；行成于思，而毁于随。"

第三，要重视科学思维方法的训练。任何一门学科的知识都是海量的，并且新的知识还会每时每刻不断涌现，所以知识永远是学不完的。尽管学习知识很重要，但一个人能否获得成功，不在于他占有知识的多少，关键是看他是否掌握了驾驭知识的能力，变有知识者为智慧者。怎样才能成为智者呢？我们认为，只有一种途径，就是要不断加强科学思维方法的学习和训练。研究生不能忽略哲学的学习，要学会从本质上把握客观世界的运动变化规律和认知规律，善于从整体与部分、现象与本质、主观与客观、原因与结果、结构与功能、稳定与进化、历史与现实、系统与环境等角度辨析和处理一切科研活动，树立科学的世界观，只有这样才能目光深邃地洞察事物，达到事半功倍的效果。

第四，要坚决反对形形色色的学术不端行为。科学研究的本质是揭示未知世界的一般规律性，任何违反这一科研本质的行为都属于学术不端或学术腐败行为。对于任何一位有志于献身科学事业的研究生来说，必须坚决反对学术不端行为。学术不端的后果是十分严重的。从大的方面说，学术不端严重背离了科学研究的初衷，不但没有促进人类文明的进步，反而开了人类文明的"倒车"；从个人来讲，学术不端会使你在学术界身败名裂，为同行所不齿，甚至受到行政和法律的处罚。因此，在科研工作中，一定要尊重前人的研究成果，引用他人成果时必须给予标注；尊重原始数据；按照对论文贡献的大小确定署名顺序；不要一稿多投或改头换面发表论文等，做一名科研道德的守护者。

可见，培养研究生的问题意识和创新精神既是研究生教育教学改革的重要内容，也是全面提升研究生科研能力的前提和基础。

二、培养研究生问题意识和创新精神的有效途径之一：优化教学内容

如何培养研究生的问题意识和创新精神？从教学的角度看，其有效途径之一就是优化教学内容。一般来说，优化的教学内容可以更好地激发研究生的学习兴趣和学习欲望，进而引导研究生主动地思考问题，在思考问题过程中就会碰撞出科研灵感或思想火花。有了问题或提出问题是科学创新的第一步，能否

最终实现创新则取决于研究生的创新意志力和毅力，即创新精神。而创新意志力和毅力的源泉则在于教学内容的优化。可见，教学内容的优化与否最终将制约着研究生问题意识和创新精神培养的速度和深度。

近几年，我们重点围绕着金融学专业学位基础课程建设，尝试开展了《国际金融研究》教学内容的优化工作。具体地说，主要开展了以下几方面的工作。

（1）教学目标的设定。在教学目标的设定上，为突出问题意识和创新精神的培养目的，对《国际金融研究》设定了以下教学目标：一是突出本课程的基础性特点，即从研究的视角梳理掌握有关国际金融的基本理论，具体包括国际货币体系理论、汇率理论、国际收支理论、国际储备理论、国际资本流动理论、国际金融危机理论、国际金融创新理论以及全球金融治理理论等；二是突出本课程的技术性特点，即从技术的层面讲授国际金融市场及其各子市场的基本运作原理和运行特点以及国际金融组织的类型及其功能等；三是突出本课程的实践性特点，即从现实生活的角度关注国际金融领域中的重大现实问题，诸如国际金融危机和欧洲主权债务危机等重大金融事件的形成背景、原因及其对世界经济影响等；四是突出本课程的学术性特点，即从科学研究的视角分析国际金融领域中的新形势、新现象和新问题，关注开放经济背景下的中国金融改革问题，探索和研究全球性金融问题及其对中国的影响等。

（2）教材内容的设计。目前，国内尚没有形成一个统一的研究生层次的《国际金融》教材。为更好适应我校的办学宗旨、学科优势、研究特色和人才培养理念的内在要求，特别是契合我国全方位开放战略的实施和上海国际金融中心建设的区位优势，我们组织撰写了一本能适应商科创新人才"规范化、国际化、全球化"培养目标的、契合研究生学位基础课程"基础性、专业性、学术性和前沿性"教学要求的、满足《国际金融》课程发展新趋势以及研究生的问题意识和创新精神培养需要的，具有"特""优""新""专"特色的研究生层次教材。

该教材尝试设计和构建了五个模块的教学内容：一是"理论导读"模块。主要针对国际金融的基本原理、国际金融市场的基本交易机理、国际投融资的主要运行机制、国际金融风险与危机的管理、国际金融的全球治理等问题，进行深入系统的理论剖析。其目的是梳理国际金融理论的历史演变、发展现状与创新趋势等，从而进一步深化国际金融问题的理论深度和学术内涵，以拓宽学生的全球化知识视野；同时，解决现有教材体系中的内容滞后以及理论与实践脱节的问题，以夯实研究生的专业理论基础。

二是"热点讨论"模块。主要针对国际金融的重大现实问题，如国际货币体系改革问题、汇率问题、国际收支问题、国际储备问题、金融危机问题、离岸金融市场问题等，进行深入的解析解读。其目的是紧密追踪国际金融领域中的新情况、新现象、新问题和新趋势等，通过对前沿问题、热点问题和难点问题的研究和讨论，以提高研究生的科研素养和创新能力。

三是"案例分析"模块。主要针对国际金融问题在现实经济活动中的具体表现、运行状态和特殊事件等，对搜集和筛选一些典型的案例进行有针对性的剖析。其目的是注重理论联系实际，以培养研究生的"问题意识"以及观察、分析和解决现实问题的综合能力等。

除了上述三个主要模块外，各章还附有"问题思考"与"延伸阅读文献"模块等，以有利于研究生主动地学习和有选择地学习。

该教材的主要特色是"特""优""新""专"。具体地说，所谓"特"，即适应商科创新人才"规范化、国际化、全球化"的培养目标，量身打造满足这一特定教学目标的教材体系，注重培养研究生具有扎实的专业理论素养和较强的综合创新能力；所谓"优"，即契合研究生学位基础课程"基础性、专业性、学术性和前沿性"的教学目的，针对近年来国际金融领域出现的新趋势、新现象和新问题，进一步完善优化教材体系和教学内容；所谓"新"，即结合国际金融教材体系的新变化和新要求，设计和构建了新的教学内容框架，具体包括"理论导读、热点讨论、案例分析、问题思考和延伸阅读文献"五个模块，以满足新形势下对商科研究生培养的新要求；所谓"专"，即根据研究生"问题意识和创新精神"的培养需要，通过调整和创新课程内容的模块形式以更好地满足研究生教学综合改革的专门需要等。

该教材的基本撰写思想是：一是紧密跟踪国际金融理论研究的新趋势，特别是国际金融实践中的新情况、新现象和新问题，进一步完善和优化科学的教材内容和教学大纲；二是从商科创新人才培养的学科优势出发，充分利用和挖掘现有教学资源，主动接轨国际化办学理念；三是确立具有国际化视野的全球通用人才的培养目标，明确服务上海金融中心建设和上海自贸区建设的教学目的，构建与之相适应的教学内容。

通过上述教学内容的优化设计，进一步深化了国际金融问题的理论深度和学术内涵，夯实了学生的专业理论基础，可以更好地满足研究生问题意识和创新精神培养的要求。

（3）考核方式的调整。为了培养研究生的问题意识和创新精神，科学合理的考核方式则是一个指挥棒。本课程打破了传统的闭卷课堂考试模式，将开卷考试、调研报告、课程论文、口头答辩、小组作业以及案例分析等考核形式相结合，以便全方位立体化考核研究生在多样性个性化学习背景下的学习效果。另外，在平时授课过程中，还注重加强学术道德教育，积极营造纯正的学术环境等。

实践证明，上述教学内容的优化对于《国际金融研究》课程的"规范化、国际化、全球化"的教学目标定位，对于培养学生扎实的国际金融理论基础和综合研究能力，特别是对于培养研究生的国际金融问题意识和创新精神都起到了重要作用。

三、培养研究生问题意识和创新精神的有效途径之二：创新教学方法

如何培养研究生的问题意识和创新精神，教学方法的创新程度也是一个重要的影响因素。一个好的教学方法，可以较好地组织实施教学内容，提高教学效果。一般来说，不同性质的学位基础课程，所采用的教学方法也不一定相同。凡是可以提高学习效率并为研究生乐于接受的教学方法都是好方法。当然，当一种教学方法不能满足教学内容的需要并不为研究生所接受时候，就必须对它进行改革和创新。如何创新教学方法和创新什么样的教学方法，则是一个值得研究和探索的问题。但不论哪一种教学方法，其衡量的标准则是能否充分调动学生的学习积极性，能否提高学生的自主学习能力和科研能力等。为此，我们在《国际金融研究》课程的教学实施过程中，主要尝试引入了多元化的教学方法或教学模式。

（1）导读互动式。其主要环节是"教学目标—导入问题—激发兴趣—问题研究"，即教师根据某一章的教学目标，梳理本章的理论要点，在此基础上导入相关热点，从而激发学生的学习和研究兴趣，培养学生的自主学习能力。这一教学方法的关键是教师，目的是引导学生观察生活、发现问题、多问几个"为什么"。在实际教学中，我们根据《国际金融研究》每一章的教学目标和教学内容，将全班划分 14 个小组（注：本课程共十四章内容，每一章一组，每组 1~3人），每一小组根据该章的内容要求和教师的引导，在课下收集资料进行阅读和学习，然后选择若干个（一般为 2~3 个）热点问题进行重点研究，其研究成果在下一次讲授新课之前进行发言交流（每个发言时间限 10 分钟以内），最后由教师或学生进行点评。

（2）案例分析式。主要以"问题提出—案例筛选—理论剖析—启示意义"为主线，引导学生运用学过的理论解释新现象、新情况和新问题。对于国际金

融领域中的问题,尽量通过案例的形式,将现实经济生活中的国际金融问题展示给学生,帮助学生较好地由抽象的理性认识逐步形成具体的感性认识,鼓励学生从实践中总结经验与教训,然后进行理论凝练,以培养其理论创新能力。

(3)课题招标式。主要以"教师发布课题范围—学生自选题目—团队组建—学术报告—其他学生提问—教师点评"为主线,引导学生学以致用、理论联系实际、开阔研究视野。围绕当前国际金融领域中的相关热点焦点问题,以专题形式进行科学研究,通过研究发现问题,然后分析问题和解决问题,以实现理论与实践的紧密结合,从而使学生培养初步的科学研究的能力,特别是学术论文撰写的能力等。

(4)沙龙讨论式。主要是以"引入—投入—融入—深入"为主线,引导学生善于提出问题、发散思考、认真观察、积极发言。将讨论的主题事先告诉学生,让每一位学生在课下通过资料收集、题目确立以及开展研究等具体环节,培养训练自身的科研基本功;然后将其研究成果通过沙龙式讨论,最后形成一篇高质量的小论文。当然,这一模式的成功运用还需要教师的精心组织与引导以及学生的积极参与等。

(5)专家报告式。为提高国际国内交流与合作水平,使学生具有在更深、更广的层面上参与国际、国内双重竞争的能力,最有效的做法就是加强学生培养的国际合作,深化与企业行业、科研院所的合作交流,同时主动敞开大门、敞开胸怀,主动向国内外的专家学者或企业老板求教,充分利用他们的资源和市场,参与国际国内竞争。

(6)实验模拟式。这一模式主要是借助互联网、专业实验室或教学软件等,针对国际金融市场(如外汇、股票、债券或期货等)的交易情况进行实时观察和模拟,然后分析和研究其市场趋势或价格走势等。随着"互联网+"的不断发展,该模式的优势更加突出,将更加有利于培养研究生的理论联系实际能力。

(7)实践实习式。为了突出理论联系实际,支持学生积极参与科研活动,早进课题、早进实验室、早进团队,尽早融入社会,以培养学生的语言表达能力、人际沟通能力、信息获取能力、知识更新能力以及学术交流能力等。这一模式的实施时间一般为假期或周末,可围绕某一热点问题,进行社会调查或实习活动,收集第一手资料,使问题研究更加有时效性和针对性。

实践证明,上述教学方法或教学模式各自具有特点,见表1所示。为了实现某种教学目的,对其可单独使用也可综合使用,均有利于学生较好把握国际金融领域出现的新情况、新现象和新问题,突出了本课程的"基础性、专业性、学术性和前沿性"的教学目的，充分调动了学生的学习主动性、积极性和自觉性，较好地培养了学生的问题意识和科研创新能力。当然，每一种教学模式的尝试，都需要相应的考核方式相配合才能达到预期目的，例如，对于那些较好地完成学术报告、论文撰写、讨论发言以及实践实习等任务的学生，在总评成绩上必须给予适当的鼓励或奖励。

表1　　　　　　　　　　教学方法的创新与比较

比较内容 教学方法	教学特点	实施环节	侧重培养能力	注意事项
导读互动式	教师提纲式讲授，重点难点提示，提出问题，引导学生自主学习	问题导入—提出思路—激发兴趣—批改论文	自主学习能力	建立严格的考核方式，安排好教学方案等
案例分析式	结合实际案例，用已有理论解释现象或从现象中创新理论	案例收集—案例引入—案例分析—总结点评	案例分析能力	以案例分析报告为考核方式
课题招标式	根据教学要求，凝练关键问题，分解出若干个小问题，指导课题研究	问题凝练—课题筛选—学生选题—指导论文撰写	课题研究能力	课题要契合学生的兴趣和能力，并对论文点评
沙龙讨论式	围绕某一主题，引导学生观察问题、提出问题，并开展研究，提出自己见解	讨论主题—讨论形式—交流互动—归纳点评	学术交流能力	讨论的主题和范围要精心策划，发言形式和时间要合理控制
专家报告式	根据教学要求，聘请专家，专家讲授，学生提出问题，专家指导研究	围绕问题—聘请专家—组织交流—合作研究	合作沟通能力	根据教学需要，精心挑选专家
实验模拟式	根据教学需要，借助实验室或互联网，实时分析或模拟现实问题，得出结论	选择对象—实验模拟—分析实证—结论总结	实证模拟能力	要选择匹配的模拟软件或实验模拟平台
实践实习式	强调理论联系实际，让学生走出课堂，面向社会实践，提供社会服务	带着问题—社会调查—发现问题—提出见解	社会实践能力	要对调研报告和实习报告进行总结点评

主要体会与思考

总的来看，我们在建设《国际金融研究》精品课程的过程中，针对其教育教学方面的体会主要有以下几个方面。

（1）专业学位基础课程的教育教学改革对于研究生的问题意识和创新精神的培养至关重要。通过教学改革，尽早激发和培养研究生对学位基础课程的学习兴趣，使之掌握更多的相关专业理论知识去解释、分析和研究国际金融领域中不断出现的新现象和新问题，为更好更快培养研究生的问题意识和创新精神，奠定坚实的基础。

（2）研究生的问题意识和创新精神是一个学校的学术之魂，学校应当积极创造条件，尽最大努力满足研究生多样化的学习需求。这其中，教师是创造和提供教学产品的主体，每位教师应当爱岗敬业、坚持职业操守，主动将自己的科研成果转化为教学资源，以传播更多更好的知识信息。另外，在互联网技术高速发展和国际金融格局加速变革的今天，必须充分利用互联网平台进一步整合和开发研究生课程资源（如教材内容、教学大纲、教学方案、电子课件、教学参考书、习题库、试卷库、案例库、文献资料库以及网络检索平台等）。

（3）优化教学内容和创新教学方法是培养研究生问题意识和创新精神的有效途径。必须进一步推进研究生课程的教学改革，不断提高研究生教学的质量和效率。凡是有利于培养研究生问题意识和创新精神的教学方法和教学内容，我们都应该大胆尝试。因此，每位研究生导师都应该不断增强教学改革和创新意识，积极探索和研究适合金融学专业自身发展特点的教学规律和教学方法。

当然，也需要进一步思考以下几个问题：一是高校如何根据社会经济发展的新需要及时调整研究生培养目标，并重视调整与优化学位基础课程体系结构；二是如何制定和完善研究生教学的相关制度或机制，以激励和鼓励任课教师自觉开展研究生教学的改革和创新工作；三是对于研究生课程的团队建设问题、教材建设问题以及研究生教学质量的评价、考核与监控问题等，如何进行统筹安排和组织实施等。

参考文献：

［1］顾明远，石中英．国家中长期教育改革和发展规划纲要（2010—2020年）解读［M］．北京：北京师范大学出版社，2010．

［2］王广谦等．21世纪中国金融学专业教育教学改革与发展战略研究报告［M］．北京：高等教育出版社，2004．

［3］王爱俭等．中国金融教育质量战略报告［M］．北京：中国金融出版社，2012．

金融工程在金融专硕培养方向
设置中的地位研究

——基于我国金融专硕培养单位公开数据的分析①

上海师范大学　张震　王周伟②

摘要： 在定位于中高端层次应用创新型人才培养的金融硕士专业学位中，金融工程在培养方向设置中处于何种地位呢？本文基于我国 140 所培养单位公开数据的研究，发现在现有培养单位相关方向的设置上金融工程方向并非居于主导地位，表明我国现有金融专硕培养单位在提供金融工程高端人才培养上存在明显的供给不足，本文还进一步分析了造成此现象的原因和可能导致的不利影响，最后结合大数据、互联网及第三次工业革命对我国高等教育的冲击，从创新思维与技术培养等方面提出相应的对策建议。

关键词： 金融工程　人才培养　跨学科复合

2010 年起我国开始开设金融硕士专业学位，定位培养具有扎实理论基础，并适应特定行业或职业实际工作需要的应用型高层次专门人才。其以专业实践为导向，重视实践和应用，那么，在现实培养过程中其培养效果如何？社会对此十分关注。本文力图从金融硕士专业学位培养设置方向的视角对此做一些探讨。

一般认为金融工程代表着金融学科研究的前沿高端水平，而金融工程的概念有狭义和广义的区分。狭义的金融工程主要是指利用先进的数学及通信工具，在各种现有基本金融产品的基础上，进行不同形式的组合分解，以设计出符合

---

①　本论文是上海师范大学骨干教师教学激励计划教研团队特色项目"大金融专业教育创新工程"和上海市研究生教育学会 2014 年度规划课题《金融硕士专业学位研究生培养模式改革的实证研究》（项目编号 ShsgeG201405）的阶段性成果之一。

②　张震，上海师范大学金融工程研究中心主任，副教授；王周伟，上海师范大学商学院副院长，副教授。

客户需要并具有特定 P/L 性的新的金融产品，侧重强调的是运用数学和金融产品设计；而广义的金融工程则是指一切利用工程化手段来解决金融问题的技术开发，它不仅包括金融产品设计，还包括金融产品定价、交易策略设计、金融风险管理等诸多领域。与金融工程代表金融学科研究前沿水平的现实相对应，金融工程人才被认为是金融人才培养的高端层次。在国外金融工程专业有不同的译法，最常用的是金融工程（Financial Engineering），还有金融数学（Financial Mathematics）、数理金融（Mathematical Finance）、量化金融（Quantitative Finance）或者计算金融（Computational Finance）。虽然在名称上有很大的差异，但是均兴起于 20 世纪 90 年代初，都是综合运用数学、统计学和计算机编程技术来解决金融问题，因而实际学习的内容是相似的，主要包括数学、计算机编程、证券衍生品定价、风险分析、金融模型、金融信息分析和一些高级的金融理论等。

　　从国外的实践看，金融工程专业无论是设在商学院还是设在工学院乃至理学院，都只在研究生以上层次开设。从申请条件看，扎实的数学功底、一定的编程能力和金融等课程的学习、实习经验都是必备的，因而进入门槛较高，从而保证了该专业人才的起点已经处于高端层次；从项目课程设置看，极具职业导向，目标就是培养具有相当强大的计算机和数学素质，同时具有管理和商务技巧的专业人士，在投资银行、商业银行、对冲基金、保险公司、公司财务部门等从事证券金融衍生产品定价、投资组合管理、风险管理和市场预测等工作，因而所培养的人才层次自然是针对金融领域的高端岗位。那么在我国金融硕士专业学位培养实践中金融工程在培养方向设置中处于何种地位呢？

一、金融工程在我国金融专硕培养方向设置中所处地位的描述性统计分析

　　截至 2015 年 3 月，我国目前共有 140 所高校成为金融硕士专业学位培养单位，其中"985"院校 33 所，"211"院校 72 所（含"985"）。笔者收集整理了各培养单位招生简章、招生目录和培养方案中的相关信息[1]，按照引言中所定义的狭义和广义金融工程定义，研究了金融工程方向在我国金融硕士培养方向设置中所处的地位。

---

　　[1]　部分培养单位有信息缺失，也不排除数据整理中的信息遗漏，但是整体上而言不会影响信息的质量。

（一）不同层次学校的描述性统计分析

不同层次学校中金融工程方向在金融硕士培养方向设置中所处地位的描述性统计如表 1 所示。从表 1 的数据看，金融工程显然并没有成为目前我国金融硕士培养方向设置的主导方向。即使在"985"院校培养单位中，设置金融工程方向的培养单位占比也没有超过 50%，而非"211"院校培养单位中，设置金融工程方向的培养单位占比则只有 30%。当然不明确区分培养方向的培养单位中肯定会有部分培养单位具有较强的金融工程人才培养能力，而使得上述统计存在一定程度低估的可能。但是如果进一步考虑到各培养单位中人才培养数量的比例分配[①]，则低估的影响能够被完全消除掉。

表 1 　　　　　　　　　　不同层次学校的描述性统计

层次/培养单位数	不明确区分培养方向的培养单位数	明确区分培养方向中含狭义金融工程培养单位数	明确区分培养方向中含广义金融工程培养单位数	明确区分培养方向中不含广义金融工程培养单位数	明确区分培养方向中含狭义金融工程培养单位占比（%）	明确区分培养方向中含广义金融工程培养单位占比（%）
140	56	37	51	33	26.4	36.4
"985"院校：33	12	14	16	5	42.4	48.5
"211"院校：72	28	23	30	14	31.9	41.7
非"211"院校：68	28	14	21	19	20.6	30.9

（二）不同类型学校的描述性统计分析

不同类型学校中金融工程方向在金融硕士培养方向设置中所处地位的描述性统计如表 2 所示。

表 2 　　　　　　　　　　不同类型学校的描述性统计

类别/培养单位数	不明确区分培养方向的培养单位数	明确区分培养方向中含狭义金融工程培养单位数	明确区分培养方向中含广义金融工程培养单位数	明确区分培养方向中不含广义金融工程培养单位数	明确区分培养方向中含狭义金融工程培养单位占比（%）	明确区分培养方向中含广义金融工程培养单位占比（%）
综合类：44	19	15	16	9	34.1	36.4
理工类：36	9	16	21	6	44.4	58.3

[①] 可以用各培养方向招生人数分布衡量，因为目前所得数据的不完整性，此处暂不完整展示相关研究的结论，但是低估的影响能够被完全消除是毋庸置疑的。

续表

类别/培养单位数	不明确区分培养方向的培养单位数	明确区分培养方向中含狭义金融工程培养单位数	明确区分培养方向中含广义金融工程培养单位数	明确区分培养方向中不含广义金融工程培养单位数	明确区分培养方向中含狭义金融工程培养单位占比（%）	明确区分培养方向中含广义金融工程培养单位占比（%）
财经类：32	13	4	9	10	12.5	28.1
师范类：12	6	2	4	2	16.7	33.3
农林类：9	6	1	2	1	11.1	22.2
民族类：3	1	0	1	1	0	33
政法类：2	2	0	0	0	0	0
语言类：2	0	0	0	2	0	0

　　表2进一步研究了不同类型学校的培养情况。对于高校类型的划分依据1952年院系调整以来逐步形成并在最新实践中所采用的11大类型分类[①]。对于每个高校所属的认定则参照中国校友会（2014）的做法[②]。

　　从表2的分析结果看，理工类院校在金融硕士培养中设置金融工程方向比例最高，说明金融工程对于数学、计算机等相关知识要求的层次较高，而理工类院校恰巧在此方面具有相对比较优势，而这也有力地佐证了金融工程方向是我国金融人才培养高端层次的结论。而综合类院校在金融硕士培养中设置金融工程方向的比例次高，说明金融工程人才的培养需要依托跨越不同学科的知识供给。进一步分析培养单位的相关数据，笔者发现很多综合类院校在进行金融硕士金融工程方向培养时往往利用了其跨学科培养的优势。例如，北京大学在数学科学学院、经济学院、光华管理学院和汇丰商学院进行金融硕士培养，复旦大学在数学科学学院、经济学院、管理学院进行金融硕士培养。相比而言，财经类院校在金融硕士培养中设置金融工程方向的比例反而不是很高，这一情况可能有点令人费解，但是仔细分析后会发现这是在情理之中的，具体原因将在后文中会进一步分析。

　　（三）不同竞争力区域学校的描述性统计分析

　　从区域来看，我国的金融核心竞争力水平大致分为三个梯队，呈现由东向

---

　　① 11大类为综合、理工、农林、医药、师范、语言、财经、政法、艺术、体育、民族。
　　② 中国校友会所发布的中国各类型大学排行榜将上海交通大学、西安交通大学等已经完成综合转型的大学认定为综合类大学，而清华大学、同济大学等正在进行综合转型的大学依旧被认定为理工类大学，已经被各界广泛接受。

西递减的态势，金融竞争力水平的差距很明显。

金融竞争力水平较高的省份主要集中在东部地区，长三角地区、珠三角地区及环渤海地区特别显著，中西部地区的金融竞争力水平明显较低。我国的东部省份大多为经济、金融强省，经济发达，对外开放程度高，资金的流动性强，各类金融机构的集聚度高，金融资源在质与量上均有优势，加上北京、上海、广州等金融水平较高的城市在区域金融中的中心辐射作用，因此东部地区的金融竞争力总体上很强。东北地区中，作为发达东北老工业基地的辽宁金融竞争力要强于东北的其他两省，且金融竞争力水平在全国范围内也比较高。从中部地区来看，中部地区各省份的省域金融竞争力表现方面都比较中庸，大多位于中间位次甚至是靠后位置。西部地区中，四川和重庆的金融竞争力较强，优于其他的西部地区省份。从中部、西部和东北地区的情况来看，每个区域都有一个金融发展相对领先的省份，有利于对本地区的金融发展起到良好的示范带头作用。

不同竞争力区域学校中金融工程方向在金融硕士培养方向设置中所处地位的描述性统计如表3所示。

表3　　　　　　　　不同竞争力区域学校的描述性统计

区域/培养单位数	不明确区分培养方向的培养单位数	明确区分培养方向中含狭义金融工程培养单位数	明确区分培养方向中含广义金融工程培养单位数	明确区分培养方向中不含广义金融工程培养单位数	明确区分培养方向中含狭义金融工程培养单位占比(%)	明确区分培养方向中含广义金融工程培养单位占比（%）
北京：14	4	4	8	2	28.6	57.1
上海：11	1	7	8	2	63.6	72.7
广东：8	1	5	5	2	62.5	62.5
东北：14	6	3	5	3	21.4	35.7
东部（除北上广外）：37	14	10	13	10	27	35.1
中部：24	15	5	6	3	20.8	25
西部：32	16	3	7	9	9.4	21.9

表3展示了不同竞争力区域学校的培养情况。因为北京、上海、广州和深圳作为我国金融业最为发达的一线城市，金融人才需求最大，高校资源优越，所以将北京、上海和广东省作为单独样本研究。其他则按照我国经济区划的四区划分，分为东北、东部、中部和西部分别进行研究，也正好与省域金融核心竞

争力的分层相一致。因为北京、上海和广东已经单列，所以东部样本为除去北上广的剩余样本。从数据结果看，在金融硕士培养方向上设置金融工程方向的比例与该地区金融发展水平、对于金融工程高层次人才的需求程度显著正向相关。显然，上海各高校为了适应正在大幅推进国际金融中心建设的上海对于金融工程人才的旺盛需求，而在金融硕士培养方向上尤其突出了金融工程方向；相比而言，西部在这方面可能因为考虑需求承接的问题，在培养方向上的设置上就相对淡化金融工程方向。

综合表 1、表 2、表 3 的数据结果，可以看到我国现有金融专硕培养单位在提供金融工程高端人才培养上存在明显的供给不足。从整体数据看，全部 140 所培养单位中明确把广义的金融工程方向作为培养方向的培养单位仅占三分之一略强，"985" 院校培养单位这一占比也不足 50%，供给比例已经偏低。而如果进一步结合市场需求方的评价反馈来分析，这一结论或许将更加加强，因为现有设置金融工程方向培养单位培养出来的人才可能还有相当比例不被市场所认同，当然目前笔者手中还缺乏这方面的系统性证据。另外，金融工程人才的培养供给存在着明显的地区性不平衡，相比东部，中西部金融工程人才的培养供给明显严重偏低；而在东部，金融工程人才的培养供给又过于明显地集中于北上广地区。一方面这与我国院校培养单位的现有要素禀赋分布结构相吻合，另一方面说明金融工程高端人才培养供给明显不足，可能会对经济新常态下我国的产业结构转型与升级产生巨大的负面影响。

二、我国金融工程人才培养现状的成因分析

造成金融工程高端层次人才培养不足和地区分布不平衡的原因是多方面的，下面仅从笔者所认为最值得关注的两个方面探讨造成上述情况的原因。

（一）各种学院模式①存在明显的分割，不利于教育资源的有效整合

尽管现实中多种培养模式有所融合，特别是在 "大金融" 的概念逐渐被广大金融教育工作者所广泛接受的条件下，融合的趋势得到进一步加强。但是事实上多种培养模式的分割依旧泾渭分明地存在着。

"数理学院模式" 下的 "金融工程" 一般称为 "金融数学" 或者 "数理金

---

① 现实中的金融硕士金融工程方向培养主要包括 "经济学院模式" "商学院（管理学院）模式" 和 "数理学院模式"，在培养侧重点上有所差异。

融"，更加注重数理逻辑在金融中的运用，因而理论性最强，技术含量最高，但是对于市场需求的反映不够迅速，一般招生人数也较少，所以金融专硕中金融工程方向的培养主要采取"经济学院模式"和"商学院（管理学院）模式"。

一般而言，如果一所院校中有经济学院和商学院（管理学院）之分的话，金融本科专业都设置在经济学院，尽管其课程体系和培养模式微观化倾向已经大为增强，其关注的重点依旧在于金融理论和宏观金融问题，货币金融学、国际金融学、金融市场学和金融中介学等仍是该序列最重要的必修课程，为进一步深造构建的考研专业课体系设计也依旧以宏观金融为主，师资上也仍偏重强调理论研究的经济学传统；相应的金融硕士专业学位的主要培养单位也往往是经济学院或者是"类经济学院"[①]。在传统的经济学院序列中，数理传统从来不是主流，因而金融工程也不是其金融学科的主流。如此在金融硕士培养方向中设置金融工程方向较少就不难理解了。财经类学校的金融硕士培养中金融工程方向设置比例偏低也正是这个原因。

而设置在商学院（管理学院）的本科专业则是我们习惯上所称的"类金融"专业[②]，以财务管理等为代表，则特别强调金融市场实践问题或微观金融问题，与企业管理密切联系的投资学、公司财务、金融工程、金融经济学、跨国公司财务管理等成为最重要的课程，而且因为会计学专业往往也设置在商学院的缘故，相应地，其往往只是会计硕士专业学位的培养单位，因而很多具有金融工程方向人才培养能力的学院其实并无培养权。

（二）以学术型硕士的培养方式主导专业学位硕士的培养，培养方向设置上更靠近传统

长期以来我国的研究生培养是以学术型为导向的，这正契合了经济学研究的理论传统，因而在"经济学院模式"相对主导金融硕士培养的大背景下，金融硕士培养方向中较少设置金融工程方向也就不令人奇怪了。尽管各培养单位在课程的设计上已经一定程度上考虑了市场的需要，但是依旧无法摆脱经济学研究的惯性，而使得专业课的设置上理论课程依旧比例偏高，金融理论和宏观金融问题研究方向的课程相对主导，全国金融专业学位研究生教育指导委员会推荐课程的设置也充分说明了这一点。

[①] 财经类院校的金融学院往往因为师承传统的原因，而大多属于"类经济学院"的范畴。

[②] 所谓"类金融专业"是指教育部专业目录中没有列入金融类专业，但是因其与金融的紧密联系，而被认为属于金融类专业的专业。

三、高端金融工程人才不足可能导致的不利影响分析

那么现有的情况对于我国金融人才的培养会造成何种影响，对经济新常态下我国的产业结构转型与升级又会产生何种影响呢？

当代的新科技革命给未来社会带来的变革主要体现为三大特征，即信息化、分散化、知识化。"大数据"时代的到来，"信息爆炸"明显，人类正转向信息生产、信息服务为主的经济发展模式；人们的社会生产方式和社会生活形式日益分散化；知识生产成为决定竞争力的关键因素。传统的金融业态也明显受到了新科技革命的影响，现有的分工和专业化被大大淡化了，以互联网为代表的现代信息科技，特别是移动支付、社交网络、搜索引擎和云计算使得普通人都通过互联网进行金融交易，风险定价、期限匹配等复杂交易也被大大简化了。但是这些新的变化并没有使得某些人所言的"金融工程消亡论"出现。相反，在大数据的时代，运用金融工程技术进行量化投资和风险管理的空间进一步得到了拓展。因此，社会对于金融工程人才的需求不但不会减少，反而会随着经济发展达到新的阶段而不断增加。吴晓波（2015）指出，未来十年，中国产业经济增长的动力将在四大领域：新实业、新消费、新金融、新城镇化。根据李迅雷（2012），新金融是以资本市场为核心、一体化市场为载体、混业经营为方式、电子网络为手段、金融工程为技术的现代金融体制，它具有资源证券化、运行市场化、市场一体化、经营混业化、手段信息化、技术工程化的特征。

因而金融硕士专业学位培养方向上金融工程方向设置偏少的现实将使得金融工程高端人才的供给明显不足，出现供给缺口，而且在不断日益增大的需求面前，该缺口将不断放大。而经济新常态下我国的产业结构转型与升级很大程度上要依赖于新金融的发展。从国内外的发展历史看，全球进入知识经济时代以来，产业结构转型与升级离不开一个高效的金融体系的支持。与金融工程相结合的金融创新产生新金融，从而使现有金融体系的功能更加全面，而金融体系的每一种功能都可以通过促进资本积累和技术创新，影响经济增长及其增长方式，从而推动产业结构转型与升级。金融工程高端人才供给不足的金融教育显然不能适应经济新常态下我国的产业结构转型与升级的现实需求，从而给现实经济发展造成巨大的负面影响。

四、第三次工业革命对于我国高等金融教育的冲击

当代的新科技革命被解读为第三次工业革命。按照英国《经济学人》杂志的定义，第三次工业革命是指以数字化制造、新能源、新材料应用以及计算机网络为代表的一个崭新的时代，或者说是以数字化制造为标志的工业革命。由于历史的原因，我们曾经错失了前两次工业革命。如今，我们要抓住第三次工业革命，首先要从教育改革入手，尤其是从高等教育改革抓起。

第三次工业革命需要的是大量创新型人才，需要的是大批能够追踪尖端科学和最新发展的人才。而这方面恰好是我们教育培养，特别是高等教育培养的最大软肋。钱颖一（2014）运用"均值"和"方差"概念阐述了其对于中国教育问题的三个观察：中国学生基础知识和技能的"均值"比较高、中国教育培养出的人才能力的"方差"太小，导致创新不足、教育对人的素养培养和人的价值塑造非常重要，而中国教育培养的人才素养的"均值"低而"方差"大，是中国实现人的现代化的重要掣肘。

从某种意义上而言，金融工程方向代表着第三次工业革命所推动的金融业态革命的发展方向，因此金融工程人才的培养应该成为我国商科高等教育的重要方向之一。根据杜兰大学李志文教授的定义，现代商学院对社会的最重要功能就是，提高商业活动及有关的市场架构所需要的知识与训练。而金融学教育恰巧要提供的是这样的知识和训练。李志文教授还总结了商学研究及教育所经历的演进过程，见图1。从商学研究及教育的演进，我们可以看到现代金融学的发展过程，图1中称为财务学，这是我国台湾地区学者的一贯提法。从其发展脉

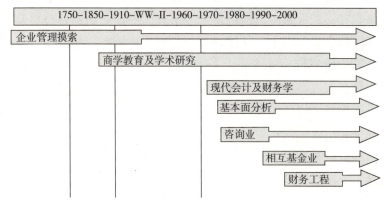

图 1　商学研究及教育的演进

络看，金融工程学（图中的财务工程）是最后出现的，也正代表着金融教育的发展方向。

五、金融工程人才培养的改革与发展展望

可以如此理解，第三次工业革命对人才培养最大的要求是创新。因此，加强我国金融工程高端人才培养供给，提升我国金融硕士专业学位教育培养质量的重点就在于如何通过适当的教学模式来加强金融工程人才创新思维和技术的培养。

而要实现教学模式的创新，跨学科、跨学院联合授课、联合培养是重要的保证条件。从金融工程学科本身的特点看，其跨学科复合型特征非常明显。从享有世界盛誉的美国卡内基梅隆大学计算金融硕士的成功经验看，该项目就是由商学院、数学系、统计系和公共政策与管理学院的教授联合授课培养的，数学系教授可以讲述更深刻的理论模型，商学院教授擅长案例教学，而统计系教授则在开展实验教学上拥有比较优势。另外充分发挥业界老师的作用也是重要的保障条件，他们的指导和协作能够帮助实践教学更好地开展。美国卡内基梅隆大学计算金融硕士项目除了针对金融工程特性量身定做课程，还安排计算金融演讲人系列讲座，邀请花旗、高盛、摩根斯坦利等世界顶级金融机构的高级执行官员定期到学校与学生进行交流。国内诸多高校已经开始了这方面的探索，比如同济大学经济管理学院与数学系合作培养的金融硕士项目、对外经济贸易大学金融学院与中国科学院大学管理学院联合培养的金融硕士量化投资项目。

现实中互联网、大数据时代的第三次工业革命冲击着传统金融业态和思维，由此也必将推动我国金融学教育的变革。但是有一点是注定的，教育是面向市场的，没有市场需求的教育注定是不可持续的。在我国经济新常态的产业结构转型和升级期，金融工程高端层次人才的社会需求会比较巨大，目前的供给水平显然不能适应其发展，而且目前的供给结构还存在明显的区域不均衡。金融工程作为最适合在硕士阶段开设的专业方向，在国家对于新增专业学位硕士门类开始从紧的大背景下，短时期内不太可能从金融硕士中分离出来单独设立，因此在金融硕士的培养方向中多增加金融工程方向的开设也许是最现实的做法。这需要我们改变"经济学院模式"主导金融硕士培养的格局，立足商学教育，增强多种培养模式的互通互融，推进培养单位内跨学科、跨学院联合授课、联

合培养，课程内容上契合资本市场，教学方式上强调金融理论与市场实践相结合。

参考文献：

［1］张梦云. 省域金融核心竞争力的综合评价研究［D］. 上海师范大学，2015：44－47.

［2］陈雨露. 大金融战略的内涵和实践路径［J］. 中国金融，2013（12）：25－28.

［3］吴晓波. 在2014中国新经济力量论坛的演讲［C］. 2014－11－29.

［4］李迅雷等. 我国新金融发展研究［R］. 上海新金融研究院内部课题报告，2012（9）.

［5］钱颖一. 对中国教育问题的三个观察："均值"与"方差"，在中国教育三十人论坛首届年会上的演讲［C］. 2014－12－14.

［6］李志文. 学术范式与迎头赶上，在浙江大学管理学院教职工大会的演讲［C］. 2009（9）.

［7］岳正坤，曾静，谢琳. 构建金融学专业硕士培养体系研究［J］. 中国农业银行武汉培训学院学报，2014（2）：76－79.

［8］潘慧峰，丁志杰，余俊洋. 国外知名金融专业硕士项目特色研究［J］. 国家教育行政学院学报，2013（9）：55－58.